莊萬壽著

嵇康研究及年譜

莊萬壽自署

臺灣學生書局印行

琴符　散潑星河
竹箋　黃泥綠動

莊喆書
九八一年月

嵇康圖

（東晉南京西善橋古墓磚刻畫）

嵇康研究及年譜　目　錄

乙　嵇康年譜……六三

甲　嵇康研究

嵇康先世及家族考述

一　關於嵇康史料的考察

嵇康是三國時代的重要思想家、詩人、音樂家。可是同時代稍晚而能親聞嵇康事蹟的陳壽（二三三——二九七），在寫《三國志》時，因對司馬家的種種政治忌諱，只在〈王粲傳〉後用二十七個字介紹他，而且在與嵇康有關人物的傳記中，也沒有為他留下較多的資料❶。

其實在嵇康死（二六三年）後，已引起親友的哀思而有所追述。他哥哥嵇喜爲他寫〈嵇康傳〉，向秀探訪嵇康舊居，有感而作〈思舊賦〉❷，但文詞閃爍。〈嵇康傳〉今已佚，只有裴松之《三國志注》卷二十一〈王粲傳〉引到該傳一段有關嵇康學養的文字。在那個恐怖時代，我們很難期待，思想與弟弟有異的嵇喜，在〈嵇康傳〉全文中能直言嵇康的一生。

倒是在嵇康兒子嵇紹為司馬衷（惠帝）犧牲（三〇四年）後❸的第四世紀晉王朝中，對嵇康的敏感性降低，加以知識界激起研究史學的風潮，想凡是編寫魏晉三國歷史的人，很難不涉及到嵇康及其與司馬家的關係。如魚豢的《魏略》，孫盛的《魏氏春秋》，以及唐人所謂的十八家《晉史》等等❹，大概都會不同程度的說到嵇康，但一千多年來，這些書都已亡佚，只一鱗半爪的保留在古書注、古類書中，當中能殘存嵇康資料的自然少之又少了。

由《三國志注》、《世說新語》及注，《文選注》、《藝文類聚》、《太平御覽》等書可知，記載嵇康的史書有：

王隱的《晉書》。唐代修《晉書》卷八十二〈王隱傳〉說：「太興（三一八）典章稍備，乃召隱及郭璞俱爲著作郎，令撰晉史。」這是比較早的一部晉書。

其次是虞預的《晉書》。據唐修《晉書·王隱傳》說虞預曾借王隱的資料，加以竊寫。兩人是同時代人，虞預死於蘇峻亂平（三二八年）後的不久。

干寶的《晉紀》。唐修《晉書》卷八十二〈干寶傳〉：「王導請為司徒右長史，遷散騎常侍，著《晉紀》。」

孫盛的《晉陽秋》或《魏氏春秋》。唐修《晉書》卷八十二〈孫盛傳〉：「盛年十歲，避難渡江。」他享年七十二，則可能生於三〇七年，死於三七八年。

習鑿齒的《漢晉春秋》。他是荊州刺史桓溫的從事。

鄧粲的《晉紀》。他是桓溫幼弟荊州刺史桓沖的別駕。

另有不知作者的〈嵇康別傳〉、〈嵇氏譜〉、〈文士傳〉等。

以上的史料，雖留下嵇康的一些遇害、生活的文字，但距嵇康之死最早都有半世紀以上，所依據的缺乏第一手可靠資料，以至有零亂而相互鑿枘的現象❺。

還有臧榮緒的《晉書》。是兼記兩晉的史事，與前列諸書的局部性不同，然他是五世紀的南朝齊人，時代太晚，乏善可陳。

唐太宗貞觀十八年下令重修晉書，由房玄齡、褚遂良等主編，嵇康非晉人，本不應入晉書，大概因他這樣重要人物，史無詳傳，唐人遂取之入傳。〈嵇康傳〉是吸收十八家的晉史的資料寫成的，畢竟客觀條件的拘束，其記載嵇氏的一生的資料，並沒有超過以上諸書留下來的幾條佚文。

全傳二一四三字，引了嵇康的〈釋私論〉、〈與山巨源絕交書〉、〈幽憤詩〉三文計一二四六字，佔去一半以上，所餘的資料就極爲貧乏了。

所幸嵇康自己的作品大半都留下來，足以提供給我們作為研究他的一個基本素材。嵇康四十年的一生，有多少著作，誰也無從知道。但從魏晉的思想領域如「才性」、「名教」、「養生」、「自然」、「聲有無哀樂」、「宅有無凶吉」等論題看來，今天的嵇康集中的文章都有所論辯❻，思想比較尖銳的「非薄湯武」，還見於〈與山巨源絕交書〉，可見儘管他內心痛苦憤懣，言行有情緒化的傾向，而仍然極度的自制，壓抑言論的尺度，絲毫不敢正面指到司馬家的政治行為與規範。否則早就逃不過毌丘儉事件的大刧❼。這樣看來，他大概沒有什麼「問題」的作品，在當時被封殺局外的。他的集子，也許他死後不久就搜羅成書的，在南朝梁時有十五卷❽，《隋書·經籍志》著錄十三卷，《舊唐書·經籍志》及《新唐書·藝文志》則又增為十五卷，宋以後到今天都為十卷。卷數減少，當然主要是散失，增多可能性不大，也許是每卷的篇數減少，像宋鄭樵《通志·藝文略》著錄為十五卷，後人都表示懷疑❾，因此，以卷數而言，《嵇康集》少了三分之一❿。另外據《三國志·王粲傳》注引《魏氏春秋》說：「康所著諸文論六、七萬言。」今《嵇康集》除去非嵇氏作的附文，大約有三萬二千字，加上嵇氏〈高士傳贊〉，《春秋左氏傳音》佚文約七千字，則總數也是六、七萬的三分之二。總之，嵇康的著述至少有一半以上留在人間了。

二 嵇康先世改姓的考辨

嵇康的先世，最早見於西晉王隱的《晉書》：

嵇本姓奚，其先避怨，徙上虞，移譙國銍縣，以出自會稽，取國一支，音同本奚焉。（《世說新語・德行第一》劉峻注引）

然後是虞預的《晉書》：

康家本姓奚，會稽人，先自會稽遷于譙之銍縣，改爲嵇氏，取嵇（稽）字之上，加山以爲姓，蓋以志其本也，一曰銍有嵇山，家于其側，遂氏焉。（《三國志》卷二十一〈王粲傳〉裴松之注引，末三句又見《世說新語・德行第一》劉峻注引）

王、虞二人都說嵇本姓奚，是嵇康的先人從南方的會稽搬到北方的譙。不同的是王書說取譙國一支與奚同音的嵇，不過所引文字可能有奪誤，上下文意欠明確，而且「徙」與下文不通，以致近人把「徙」字改為「從」字[11]，上虞屬於會稽，意思是通了，但就唐官修《晉書・嵇康傳》所說「以避怨徙焉」看，「徙」字沒錯，錯在亂簡，或許可能是作「其先避怨徙焉，移譙國銍縣，以出自會稽上虞」。或其他形式的行文，王隱書中似本有徙字，改為「從」是權宜的。而虞書說是紀念本土會稽，把稽字改為嵇字，他又引一說是因住在銍縣的嵇山山邊而改為嵇姓。

唐修《晉書》本傳就綜合性的說：

其先姓奚，會稽上虞人，以避怨徙焉。銍有嵇山，家于其側，因而命氏。

其實奚姓改為嵇姓，王、虞三說都是合理的。原因一是聲音：奚、嵇、稽，依《廣韻》中古音是：

奚	胡雞切	蟹開四	齊韻	匣母
嵇	胡雞切	蟹開四	齊韻	匣母
稽	古奚切	蟹開四	齊韻	見母

三字在當時的讀音都是ㄐㄧ（jī）姓氏音同，隨地而字異，就像荀卿又作孫卿一樣。

二是字形：稽是會稽之稽，從禾從尤旨聲，去掉旨，而加山字，成為嵇字。即《說文新附》所說的「嵇，山名，稽省聲，奚氏避難，特造此字，非古」。古人姓名也有省聲之例，如《春秋左傳》有吳國伯嚭（哀公八年），《吳越春秋》作白喜，《論衡》作帛喜。又《禮記．檀弓》太宰嚭，《漢書．古今人物表》作太宰喜[12]。《說文．喜部》：「嚭，大也，從喜否（丕）聲，春秋傳吳有大宰嚭。」則知喜是嚭省聲。

三是紀念故鄉而命名：人類一直把原住地山川之名，作為新移居的新地名，如西周時原為宣王之弟姬友殖民地的鄭，本在今陝西省華縣一帶，後來該地人民隨平王東遷搬到濟、洛、河、潁四水之間定居，也把此地叫鄭，以後才叫新鄭，即今河南省新鄭一帶。又如台灣的潮州、安平、東石等地人民，都是從粵、閩同名的地方遷徙過來的。又如美國有多少大小地方，是他們祖先在英國的舊地名。因此嵇康的祖先為了避仇，（可能是一族人）離開了會稽，到北方的譙郡銍縣定居，銍縣有山，他們便以故鄉的會稽山來命名，而簡稱為嵇或嵇山，既然要避仇，就用這嵇來代同音的奚，這似乎尚是合情理的。

由於嵇康家世在早期的資料有分歧性和缺乏肯定性，因此侯外廬等學者又提出很新的見解：

> 中世紀的門閥制度下，改姓實在是一件大事，非萬不得已，當不肯拋開血統的標幟。所以嵇氏的改姓，其理由可能有二：一如傳統的說法，爲了避怨，但避怨既已避地，又何必改姓？二是爲了本係賤姓，詭稱原來姓奚，因避怨才改成嵇的，其實嵇倒是本來的姓。賜姓命氏，本極堂皇，在中世紀初期，一定有微賤之族新發迹，爲塗澤一下門面，而冒用了貴姓，或詭稱係由貴姓改成今姓的事。三國志注引嵇氏譜，嵇康先世，僅舉其父兄……俱未舉出其先世有怎麼輝煌的人物，似從其父起，才發迹起來，這是很可疑的。按照一般的情形，如司馬遷自敍，直數遠祖至唐虞以上，兩漢書傳人物，多詳敍先世，魏晉以後，碑志中尤多此習。……嵇氏譜及嵇康傳也不應如此簡略模糊。考康家居譙國，乃曹魏發迹之地，則其父由賤族而攀附升騰，實極爲可能之事。……譙人以賤攀貴，原甚平常。……而嵇康後來又以同鄉與魏宗室婚，其攀附之迹尤顯。所以，我們認為嵇氏改姓及自會稽移徙一事是可疑的，他很可能本出寒素，指山爲姓，乃詭稱移徙，由奚改姓。但因別無證據，這裏也只得存疑。⑬

此說得到學術上的支持。何啓民先生說：

> 因於康先世唯得一昭（康父嵇昭）名，他皆闕如。故侯、……四氏於所合撰之中國思想通史……一文中……之說康先世實嵇姓也，甚確。……誠然，嵇非巨姓郡望，奚則譙郡族也，其

攀附之迹甚顯。⑭

這種考察的方法是極有意義的，不過仍有幾項補充與意見：

一、避地改姓是古代常有的事，兵荒馬亂，仇敵佚生，尤其末代王朝宗室避地改姓不勝枚舉，以思想家而言，王充的曾祖、父親二次因殺人結仇而搬家躲避的，一次由會稽搬錢唐，一次由錢唐搬上虞，而且王充自己說祖先「一姓孫」又姓孫，可能指本姓孫，因曾祖避仇而改姓王的⑮。躲避仇敵到陌生的地方去，改名換姓是最安全的方法。侯書原以避怨避地是改姓的二個理由之一，但到文章末了又根本否定嵇家有搬過家的可能。

二、有貴賤之別的社會，賤者求為貴，是人之常情，但像東漢魏晉豪門世族那樣壟斷政經大權，寒微的人民絲毫沒有機會上來，是否有法子冒充貴姓？該貴姓是否容許？冒充了貴姓是否就能飛躍上去？恐怕機率太小，嵇家若世居譙郡，要在本地冒充貴姓，簡直沒有機會，若遠地搬來的也許好混一些，但譙郡是曹家的聖地，還有如夏侯、桓氏的大族⑯，容許你混進他們的圈圈，即使一小杯羹恐怕也分不到。若要冒姓最好打著甲地的大姓，到乙地去混也許比較容易。像趙至在洛陽無從發展，可能打著未知數X的出身，到遼西混到了官，回到洛陽，其父告誡他不要回來，以免被識破⑰。因此嵇康的父親或先人在譙冒大姓可能性是不大的。

三、奚姓是否眞的為大姓，是否比嵇姓為大，還是很重要的關鍵。

奚姓最早見於氏族書為鄭譙《通志·氏族略》：

奚氏。夏車正奚仲之後，漢功臣表魯侯奚涓，成湯侯奚意。傳封三代，又薄奚氏，改為奚氏。望出譙國。⑱

夏王朝掌造車的官奚仲，是上古的傳說人物，是不可盡信的，但古代就傳說他的封地在奚，卽《春秋經》及《左傳》桓十七年的「（魯）及齊師戰于奚」的奚，《水經注》說：「夏車正，奚仲之國也，山下有奚仲冢。」竹添光鴻《左傳會箋》：「今兗州府滕縣南奚公山下有奚邑。」⑲卽今山東省滕縣東南。奚涓，《史記》、《漢書》都說他「以舍人從起沛，至咸陽爲郎中，入漢，以將軍從定諸侯。」奚意，則《史記》、《漢書》說他「以魏郎，漢王二年從起陽武（樊噲）擊籍（項羽）屬魏豹，豹反，屬相國彭越……」⑳則知二人大概是與蕭何、曹參、樊噲一樣隨劉邦打天下的沛豐子弟。至於薄奚是代北少數民族的音譯複姓，後來簡稱為奚㉑可以不論。豐是沛的一邑，豐在今江蘇省豐縣，沛在今江蘇省沛縣東㉒，考之史漢，兩漢姓奚的只有奚涓及奚意與他們的幾個子孫，二人與劉邦的關係看，幾乎不可能是譙人，雖則譙也屬沛郡，但距離嫌太遠㉓，從地圖上看來，豐、沛幾乎正好與古代的奚在同一緯度上，由豐向東到沛到奚，約七、八十公里而已，使我們不得不聯想奚地與奚涓、奚意必有所瓜葛。《通志》所說的望出譙國，極明顯的是指後來的事，而不是指原始的地望。或許奚涓或奚意子孫的一支後來轉到譙郡亦未可知。

《史》《漢》沒有姓奚的入傳，與嵇康同時的《三國志》《晉書》也沒有人入傳，奚在漢初尚有因與劉邦同鄉共打天下的關係而封侯，經四百年，默默地居然沒有什麼人物出現。只有《晉書·王彪之》傳說到一個奚朗的，當時東晉簡文帝派秣陵令曲安遠補句容令，又派殿中侍御史奚朗補湘東郡。豪族王彬的兒子鎭軍將軍王彪之堅決反對，他說：「秣陵令三品縣耳，殿下昔用安遠，談者紛然。句容近畿，三品佳邑，豈可處卜術之人，無才用者邪？湘東雖復小，所用未有朗比，談者謂兼卜術得進，殿下若超用寒悴，當令人才可拔。朗等凡器，實未足充此選。」㉔簡文帝在位二年（三七一——三七二），當時距嵇康之死已逾百年，奚朗是那裏人已無可考察，但從漢初到東晉近六百年中才看到一個被王彪之罵為寒悴、凡器的奚朗，漢族的奚姓恐怕不是什麼貴姓。奚姓被認為是貴姓是《通志》說：「望出譙國。」明陳士元《姓觿》說：「譙郡族。」㉕這都可能是宋明以後據唐代資料而說的，唐有刑部侍郎奚陟（七四五——七九九）《新唐書・奚陟傳》：「其先自譙亳西徙，故為京兆人。」㉖奚陟為中唐人，死贈為禮部尚書，子奚敬玄為左補闕，大概是奚姓最風光的時代，祖先什麼時候到譙或許較早，但搬到京兆，也許已到唐代。

而嵇氏在嵇昭、嵇康以前，史傳並沒有嵇姓，而只有稽姓㉗，似乎最早在漢代才有的。《廣韻・十二齊》：「嵇，山名，亦姓，出譙郡，河南（郡）二望。」《晉書》有〈嵇康傳〉，兒子嵇紹，紹從子嵇含都入傳，嵇康兄嵇喜為徐、揚州刺史，太僕、宗正卿，還有晉人為嵇家寫《嵇氏譜》（《三國志》注，《文選》注引），這些雖不足證明嵇為貴姓，但東漢魏晉奚姓之無人，卻是不爭的事實。奚如非貴姓，那麼由奚改嵇之說，就要動搖。

四、史書記傳追述先人的歷史，固是傳統的書法，但還有二個條件，一是內容的必要性，二是有資料可寫。竹林七賢中的劉伶、向秀二人在晉書中連一點先人的痕跡都沒提到，我們並不能因此說兩人出賤姓。當然嵇康的父親極可能攀附曹操發迹，然也不能據以來懷疑嵇康先人是改姓及未曾移徙的。

以上論證並不十分完整，只是個人提出不同的看法。

總之，對西晉的史料似不便率爾加以懷疑，現在且從頭梳理嵇康的先世。最早記嵇康先世的是林寶的《元和姓纂》卷三：

嵆，夏少康封少子季杵（杼）㉘於會稽，遂爲會稽氏㉙，漢初徙譙嵆山，改爲嵆氏。

《通志・氏族略》第三，「以地為氏」，依《姓纂》說：

嵆氏，姒姓，夏少康封子季杼於會稽，遂爲會稽氏，漢初徙譙嵆山，改爲嵆氏。

後來《萬姓統譜》、《姓觿》都大致如此的說法。人類姓氏的起源，是自然與生活的反映，取之於山川庶物為最多，一姓是代表一個血緣結構的氏族（Clan），依考古資料知道，殷商以前中國是一個多元文化的無數氏族社會，在河南偃師極可能為夏族遺跡的二里頭文化，與約同時代的東南良渚文化，是有所不同的㉚。殷商時尚不是派宗室用武力到鄰國直接統治，殷前的夏族時代更不是如此，少康封少子季杼到會稽建立殖民國是不可能的，只能說當時可能有夏族的一支向杭州灣一帶移殖。

中國古封建結構所產生的男系承祧及攀附權貴出身的觀念，以為姓氏都出自於遠古帝王（部落頭目）貴族及其子孫，所有的譜諜族譜都是這樣的心態，殊不知遠古圖騰氏族（Totemic Clan）或地域氏族（Local Clan）的符號是該氏族所共有的，是隨國家的形成或異族殖民統治，而漸使該符號標記成為統治者的專有符號，否則只有帝王家才有子孫，是不合事實，不合邏輯的。所以季杼是否為稽（嵇）這個氏族的祖先是不必給予考慮的。

會稽氏，稽氏，嵇氏，實都是一個氏族的衍生，其源頭是由奚氏發展而來的。而且嵇、稽在古書也常混用，如北宋的打過宋江的將領張叔夜，字稽仲，顯然應作嵇仲才對（宋史本傳）。

奚，是很古老的一個字。甲文作（前二四二、三）（甲編，七八三）㉛，金文作（奚卣）（奚簋）㉜，是編髮成長辮子的非殷人的少數民族，大抵編長辮多為北方民族，與南方斷髮紋身民族不同，因部落戰爭，成了殷人的俘虜與奴隸，長辮方便奴隸主用手牽抓，所以從手，又加人或女旁成「傒」「嫨」的繁文。所以奚是族名、地名、奴隸名，或作為祭祀的人牲㉝。

奚仲的奚與甲金文的奚有什麼關係實在無從考察，《說文解字》「車」字，《世本・作篇》及《通志》都說是夏時人，可能實際是指能造車子的臣僕、奴隸。古代字書、譜諜都攀上最早而又常是神話的人物。奚仲也許與奚氏是沒有什麼關係的，倒是甲骨文中作為方名的奚，疑即上述春秋經十七年的奚地㉞。

奚人可能有一支向西到譙，有一支到東南的會稽，但問題是傳說的嵇也有個祖先季杼到會稽，這樣使得奚與嵇成為二個系統，而被疑為奚本為譙姓的主因。對這個問題，我們以為奚仲也好，季杼也好，都是缺乏史實的依據，奚仲、季杼是夏人，相傳夏禹與會稽有密切的關係。

《史記・夏本紀》：

> 帝禹東巡狩，至于會稽而崩。……自虞夏時，貢賦備矣，或言禹會諸侯江南，計功而崩，因葬焉，命曰會稽，會稽者，會計也。㉟

《國語・魯語》下：

> 丘聞之：昔禹致群神於會稽之山，防風氏後至，禹殺而戮之。㊱

又《左傳·哀公七年》：「禹合諸侯於塗山，執玉帛者萬國。」塗山一說是會稽山㊲。大概這樣的原因，就把奚仲、季杼牽到會稽來了。夏初是屬於新石器時代的文化，在考古學上中原的夏文化與東南的百越文化尚未出現有什麼關連的證據。

商代的奚，在山東省滕縣，則距西方的小屯，尚有三、四百公里，大概屬於四戈或多方的部落，是文化較低的土著民族，他有的移殖到會稽（稽或為奚音而來）成為會稽氏，或稽氏，然後再轉到譙郡，另取嵇氏，則奚、會稽、稽、嵇諸氏，是由一個大氏族所衍分出來的若干親屬群的聯族（Phra-try），一如姚、陳、田三氏的聯族一樣㊳。

嵇康是譙國的銍縣人。譙國在東漢尚是沛國的譙縣，所以《三國志·魏書武帝紀》說曹操「沛國譙人也」，在今安徽省亳縣。一九七四年在亳縣出土了曹操祖先的古墓群。

盧弼集釋引《一統志》：

> 譙縣故城今安徽穎州府亳州治，秦置譙縣，漢屬沛郡，後漢屬沛國，豫州刺史治。熹平五年黃龍見譙，太史令單颺曰：「其國後當有王者興，不及五十年亦當復見。」中平四年曹操生子丕於譙，建安中置譙郡，二十二年沛穆王林徙封譙，改爲國，延康元年，黃龍復見譙，既而丕大饗譙父老於邑東，魏黃初元年，以譙國與長安、許昌、鄴、洛陽爲五都，五年改封諸王爲縣，王復還國爲郡。㊴

顧祖禹《讀史方輿紀要・亳州》：

> 古豫州地，後改爲譙，……漢屬沛郡，後漢屬沛國，魏置譙郡，……昔者曹瞞得志，以譙地居衝要，且先世本邑也，往往治兵於譙，以圖南侵，及曹丕篡位，遂建陪都，其後有事江、淮、輒頓舍於此。

《方輿紀要》又在「亳州廢譙縣」下說：

> 曹操生長於譙，自言於譙東五十里築精舍，欲春夏讀書，秋冬射獵，建安中，往往治兵於譙，以擊孫權，曹丕篡位，改建五都，譙其一也，數如譙，議南侵，明帝叡亦嘗至焉，晉仍爲譙郡治。㊵

由此知譙是曹魏政權的發跡地，也是魏國政治、軍事的重要活動據點。譙稱為譙國，是在建安二十二年（二一七年）嵇康妻子的祖父沛穆王曹林封於譙而開始的，一直到魏黃初五年嵇康生時仍稱譙國。嵇家與曹魏的權力核心，似環繞在譙國這特殊地域的泥土上。

銍是譙的一個小地方。

《讀史方輿紀要・宿州》：

> 銍城，州（宿州）南四十六里，……秦置銍縣，……漢屬沛縣，後漢屬沛國，晉屬譙郡。㊶

銍縣與譙在後漢同屬沛國，但《方輿紀要》却沒有說銍在魏時的隸屬，其實應屬譙國，銍的位置是在安徽省宿縣（今宿州市）西南，或許在淮河支流澥河的上游一帶。後世似無遺迹可考了。

三　嵇康的父兄

嵇康先世，最先出現姓名的是他的父親嵇昭。《三國志・王粲傳》注引〈嵇氏譜〉說：

康父昭字子遠，督軍糧治書侍御史。㊷

嵇昭生卒年代沒有記載，據嵇康〈與山巨源絕交書〉說：

少加孤露，母兄見驕，不涉經學，性從疏嬾。㊸

〈幽憤詩〉說：

嗟余薄祜，少遭不造，哀煢靡識，越在繈緥，母兄鞠育，有慈無威，恃愛肆姐（嫭），不訓不師。㊹

可知嵇康尚在懷抱之中，可能一、二歲時，嵇昭即已去世。嵇昭之死並不是在青壯年，因為嵇康是賴母親和長兄撫養長大的，這位兄長並不是揚州刺史的嵇喜，因為嵇喜的活動年代與對象與嵇康太接近㊺。這不知名的長兄能「鞠育」他，諒年齡大概至少也要大嵇康十五歲左右，男子比較合理的生殖時間約二十歲到五十歲，則嵇昭生康長兄的年歲，可能在二十歲到三十五歲之間，其生卒可能的上限約在公元一九〇年到二二五年為三十五歲，下限約在一七五年到二二五年約五十歲，即從東漢靈帝熹平四年到魏文帝黃初六年，這四、五十年間，正是漢末政治最敗壞，殺伐最殘酷的年代，嵇昭的同鄉曹操就在這時逐步斬荆棘平群雄的。

曹操，是譙人，他的崛起，並不是靠曹家是士族大姓，士族大姓是東漢以後政治上最大的本錢。曹操的父親曹嵩，因拜桓帝中常侍（宦官）曹騰為養子才紅起來的[46]。在曹操奪取政權的過程中，他也利用過大族，並培養非大族的新進份子來打擊大族，同時也和劉邦一樣利用家鄉的子弟。

《三國志・武帝紀》：

初平元年，……太祖兵少，乃與夏侯惇等詣揚州募兵，刺史陳溫、丹陽太守周昕與兵四千餘人，還到龍亢，士卒多叛。至銍、建平，復收兵得千餘人，進屯河內。[47]

可見外地兵不可靠，自己家鄉的子弟兵是比較可信的。初平元年，公元一九〇年，如以嵇昭年五十計，那麼曹操到銍，年滿十五歲的嵇昭可能加入曹軍的行列。

曹操用同鄉（譙人）最成功的而又於《三國志》有傳的是許褚。

《三國志》卷十八〈許褚傳〉：

（褚）漢末聚少年及宗族數千家共堅壁以禦寇，……太祖徇淮汝，褚以衆歸太祖，太祖見而壯之曰：「此吾樊噲也。」卽日拜都尉，引入宿衛，從褚俠客，皆以為虎士，從征張繡，先登斬首萬計。……初褚所將爲虎士者，從征伐，太祖以爲皆壯士也，同日拜爲將，其後以功爲將軍封侯者數十人，都尉校尉百餘人，皆劍客也。㊽

許褚這一批譙人，投歸曹操在建安二、三年征張繡以前，後來成了曹操左右的親兵與心腹的軍人。嵇昭可能不是手執干戈的武夫，可能不是許褚這一夥的。

曹操帶兵經過或駐紮譙，對譙有深厚的鄉土情感。《三國志・魏書武帝紀》：

（建安）七年春正月，公軍譙，令曰：「吾起義兵，爲天下除暴亂。舊土人民，死喪略盡，國中終日行，不見所識，使吾悽愴傷懷。其舉義兵已來，將士絕無後者，求其親戚以後之，授土田，官給耕牛，置學師以教之。爲存者立廟，使祀其先人，魂而有靈，吾百年之後，何恨哉！」㊾

這明明是對家鄉死亡的子弟兵的哀念與撫恤，沒有死的，當然得以升官。

嵇昭的官是治書侍御史。治書侍御史是一個管彈劾監察的官職，在西漢為侍御史，為御史中丞的屬官，直接掌握監察官吏是否執行法律或有不軌行為的實權，是皇帝的耳目官，當時嵇昭擔任監督軍糧的工作，這在軍隊決定政權，軍糧決定軍隊的時代，是相當吃重的任務。可考的在曹丕即位後，杜襲、高柔就曾幹過這個差職㊿，這是個相當肥的六品官51，其實就是皇帝高級安全人員。

《晉書》卷二十四〈職官志〉：

> 治書侍御史，案漢宣帝幸宣室，齋居而決事，令侍御史二人治書侍側，後因別置，謂之治書侍御史，蓋其始也。及魏，又置治書執法，掌奏劾，而治書侍御史，掌律令，二官俱置。[52]

嵇昭究竟在漢建安末年或魏黃初時擔任此官，實不可得知。無論如何，這個差事，是要管文牘律令，是要搖筆桿子的，他即使能帶兵作戰，也不是一個出自只能彎弓射鵰如樊噲、許褚之流的鄉下勞動者。

嵇喜為嵇康寫傳說：「家世儒學。」[53]顯然嵇家至晚到嵇昭這一代已經是個知識份子。

嵇康有兩個哥哥，一個是撫養他長大的，即上面引〈與山巨源絕交書〉說：「少加孤露，母兄見驕。」〈幽憤詩〉說：「母兄鞠育。」又在〈答二郭詩〉的第二首說：「昔蒙父兄祚，少得離負荷。」這個哥哥，清代的孫星衍、洪瑩以為就是嵇喜[54]，其實這個哥哥在陳留王景元二年（二六一年），嵇康寫信與山濤絕交時之不久前，與嵇康母親才先後去世。〈絕交書〉說：「吾新失母兄之歡，意常悽切。」而且死得比母親早，〈答二郭詩〉是作於甘露二年（二五七），嵇康要西行到河東時所作，詩中以父兄並稱，而沒有像後來稱「母兄」，可見這位長兄死在二五六年或還更早，至於在絕交書所說的「新」是因與母親連稱，主要是指康母的，足見這個哥哥是約早嵇康（二六三死）六、七年死的，依前面推算，年齡約在五十或六十歲。在嵇康心目中幾與母親同等地位的這個哥哥，或許官爵不高，或少參與名士、政壇的活動，以致史料闕如，然而在當時的門閥結構中，恐也不是完全沒有名位的。

嵇康有這個早死於他的哥哥，而這個哥哥又不是嵇喜，黃振民先生早已論證。他的〈嵇康研究〉一文中的「嵇康傳略」說：

> 他大概有兩個哥哥，一個是顯而可考的嵇喜，……嵇喜外，好像他還有一個哥哥，因爲在〈與山巨源絕交書〉……〈思親詩〉……推此詩文之意，好像他還有一個哥哥已先他而逝，但可斷定這死去的哥哥決不是嵇喜，因爲嵇喜死在康後，並曾爲康作傳。55

戴明揚在《嵇康集・幽憤詩》「母兄鞠育」句下也注：「此處所謂兄者，必非公穆（嵇喜），當別有長兄也。」56大抵嵇康別有一兄，已成定論，雖則尚有懷疑性的其他看法57。此外蕭登福先生稱嵇康對嵇喜只有兄弟之愛，而無類似父子的畏敬，來說明撫養他的哥哥不是嵇喜58。

的確，在有關資料中所描述的嵇喜，與嵇康詩文所感懷的兄長形象並不相符。《世說新語・簡傲篇》：

> 嵇康與呂安善，每一相思，千里命駕。安後來値康不在，喜出户延之，不久，題門上作「鳳」字而去，喜不覺，猶以爲欣，故作「鳳」字，「凡鳥」也。

又劉峻注引干寶《晉紀》：

安嘗從康，或遇其行，康兄喜拭席而待之，弗顧，獨坐車中。康母就設酒食，求康兒共語戲，良久則去，其輕貴如此。

又劉峻注引《晉百官名》說：

嵇喜字公穆，歷揚州刺史，康兄也。阮籍遭喪，往弔之。籍能爲青白眼，見凡俗之士，以白眼對之，及喜往，籍不哭，見其白眼，喜不懌而退，康聞之，乃齎挾琴而造之，遂相與善。[59]

嵇康與嵇喜的世界觀，已經可從〈兄秀才公穆入軍贈詩〉中看出有相當的不同，這一段軼事且不從內在去探討思想基本的不同類型，但嵇康直率而不廻避，明知哥哥的難堪，不給予掩飾是十分明顯的。這樣的「凡鳥」，怎麼可能是嵇康日夜思服，擬之如父母的偶像呢？

最重要是嵇喜還出現在《晉書·武帝紀》的太康三年（二八二）九月裏。《晉書》卷三：

九月。……吳故將莞恭、帛奉舉兵反，攻害建鄴，遂圍揚州，徐州刺史嵇喜討平之。[60]

這一年，距嵇康之死，已十九年，如嵇喜是撫養嵇康的哥哥，則至少已七十二歲，早超過七十歲的退休年齡[61]，而且刺史是負一州重任的主管，非閑官可比，當然更沒有精力去帶兵作戰。這種可能的機率太小，所以我們看嵇喜，絕不是嵇康的長兄，而且年紀大嵇康不多。

嵇康的另一個哥哥即嵇喜。嵇喜，是值得探討的人物，從來研究嵇康的學者都不太注意他。也許因為他的資料不多。《三國志·魏書王粲傳》注引〈嵇氏譜〉：

兄喜，字公穆，晉揚州刺史。

《文選·幽憤詩》注引〈嵇氏譜〉：

康兄喜字公穆，歷徐、揚州刺史、太僕、宗正卿。母孫氏。

《晉書》卷四十九〈嵇康傳〉：

兄喜，有當世才，歷太僕、宗正。

這裏我們不知他做官的次序是否如〈嵇氏譜〉所說的，由徐、揚州刺史而太僕，而宗正卿。但在《晉書》有四處資料值得注意。一是如上面引過的武帝太康三年的資料，另外三處是：

齊獻王攸，……居文帝（司馬昭）喪，哀毀過禮，杖而後起，左右以稻米乾飯雜理中丸進之，攸泣而不受。太后自往勉喻……常遣人逼進食，司馬嵇喜又諫曰：「毀不滅性，聖人之教。且大王地卽密親，任惟元輔。匹夫猶惜其命，以爲祖宗，況荷天下之大業，輔帝室之重任，而可盡無極之哀，與顏閔爭孝，不可令賢人笑，愚人幸也。」喜躬自進食，攸不得已，爲之強飯。喜退，攸謂左右曰：「嵇司馬，將令我不忘居喪之節，得存區區之身耳。」[62]（《晉書》卷三十八〈文六王〉、〈齊王司馬攸傳〉）

泰始十年九月……吳將孫遵、李承帥衆寇江夏，太守嵇喜擊破之。[63]（《晉書》卷三〈武帝紀〉）

賀循，字彥先，會稽山陰人也。其先慶普，漢世傳禮，世所謂慶氏學。……循少嬰家難，流放海隅，吳平……操尚高厲，……必以禮讓，國相丁乂請爲五官掾，刺史嵇喜舉秀才，除陽羨令。[64]（《晉書》卷六十八〈賀循傳〉）

魏陳留王曹奐咸熙二年，公元二六五年時，相國、晉王司馬昭死，他的次子司馬攸哀慟絕食，表面是為孝，底子是恐懼，他與大哥司馬炎早有猜忌，司馬昭在臨終時特向司馬炎談劉長（兄漢文帝所害）、曹植的故事可見一斑[65]，嵇喜為司馬，勸司馬攸不要絕食，又親自餵他，這種關係，這種工夫，顯示嵇喜的「高竿」，司馬是相國府的高級幕僚，主管軍事，一千石，六品官，可見嵇喜在司馬家公司尚未正式開幕前，已擠入權力核心，成為幹部，這是嵇康被殺的後兩年，我們不知嵇喜何時任司馬，但顯然不是一兩年內就可坐上直升機登入相府的，這樣兄弟兩人的關係，就不尋常了。

泰始十年（二七四年）改當外官，任江夏郡太守，當時吳國尚在，他曾打敗吳軍的入侵。太守，二千石，五品官。升官了。

吳亡於太康(二八〇年)元年，依〈賀循傳〉，在這一年以後的若干時間他提拔賀循，由舉秀才，再做到陽羨縣令，賀循是在老家會稽山陰被舉用的，則嵇喜當時是任揚州刺史。

到太康三年，他已任徐州刺史，刺史也是二千石，五品官，是地方的最高長官，並擁有軍權。這個順序，與〈嵇氏譜〉相同，接著是太僕與宗正卿，《晉書》缺乏資料。太僕、宗正卿是皇室的內官，是地位清高的閒官，都是三品。太僕是掌管皇室交通工具的主管，宗正卿簡稱宗正，是掌管皇族宗室事務、圖諜、太醫令史，通常都是皇族才能擔任，偶而也有異姓充當，但要有特殊的條件，像羊祜就以忠篤寬厚而出任此職，嵇喜晚年出任宗正，是說明他長期與司馬家權力中心的鞏固關係。

由此看來，〈嵇氏譜〉所說是完全正確的。又該譜說嵇喜母孫氏，實在令人懷疑他與嵇康是否同父異母，否則行文上不必在介紹「康兄喜」之後，最後才說「母孫氏」。另外上面《世說注》引干寶《晉紀》稱呂安不理嵇喜，而受「康母」招待，康母是否只為嵇康母，雖證據不足，然不免使人生疑。嵇喜一生的官做得已夠大，晚年還做到管皇族的宗正，名位富貴，不遜於任何非皇族的大士族，而嵇氏又似非大姓，或係先人受曹家夤緣而上，則他之向司馬家靠攏，在嵇康死後又步步高升，是不是他的母親，或妻子與司馬家有瓜瓞關係，只是苦苦找不到證據。

嵇喜大概在曹魏時被地方推舉為秀才的，當時一州，只能一、兩個，考選比孝廉要難，可推測當時嵇家已有相當的社會關係，後來又進入軍伍為官，而為嵇康所反對，二人曾以詩相和，大概在年少時兩人的感情還不錯，嵇康形容一對鸞鳥自由生活，其一突被虞人放網捉去，嵇康怕哥哥做官後「鳥盡良弓藏，謀極身心危」（〈兄秀才公穆入軍贈詩〉的第一首），但嵇喜從政，心志已堅，認為處世要有變通，有彈性，他說：「君子體變通，否泰非常理，當流則蟻行，時遊則鵲起，達者鑒通塞，盛衰為表裏。」（〈秀才答〉第二首）嵇康的憂慮很深，恐怕是在司馬懿政變殺曹爽（二四九）不久，兩人對司馬家的立場不同，結果嵇喜投向司馬家，是時，兄弟二人有許多相同的朋友，都是不同程度反對司馬家的士人，結果大家就疏遠他、藐視他，上面所舉的阮籍、呂安都瞧不起他，嵇康在他遭阮籍白眼時，故意給他難堪，至為明顯，而且《世說新語・簡傲篇》注引干寶《晉紀》稱呂安獨坐車中，完全不理嵇喜的擦席子等他坐，而由嵇康母招待他，呂安並與康子紹談話遊戲一事推測，大概在毋丘儉事件（二五五）嵇康與司馬家鍾會的關係緊張後，兄弟之間更冷漠了。若以嵇紹約三、四歲計，則呂安不理嵇喜是二五七年左右，《晉紀》又說呂安輕貴，即對尊貴的嵇喜瞧不起，則當時嵇喜似已進入司馬昭麾下，甚或已做到司馬，則公元二六三年的秋天，嵇康在洛陽牛馬市場被砍頭的時候，他哥哥的職位是相國府的司馬，在法場上嵇喜也來了，兄弟各說一句話：「問其兄：『向以琴來不邪？』兄曰：『已來。』康取調之，為太平引。」[66]當時嵇紹十歲，依理應託給伯父，何況他還是司馬家的幹部，對兒子的安全也能照顧，但嵇康却交託山濤，臨終時向兒子說：「山公尚在，汝不孤矣。」[67]，雖康也許也看中山濤與司馬家的良好關係，但由此可見他對嵇喜所執的絕望態度。從心理學上講，他有一個活生生的哥哥拋棄他而投奔權貴，使他更懷念已死去而撫養過他的另一個哥哥，這種補償作用在他死前二、三年間最苦悶的年代，表現得最強烈。至於對嵇喜而言，他未嘗不想與弟弟及其朋友修好（當然不知是否別有用心），所有資料表明，他都在忍辱求全，然而在大前提下，他還是被排斥的，嵇康被害，他為保全自己，大概噤若寒蟬，不過在康死後，他還是寫了一篇避重就輕的傳記，來懷念他。最後在《晉書・嵇紹傳》記載嵇紹長大開始做秘書丞，是山濤向司馬炎推薦的，大抵嵇紹的成長，受到山濤很大的照顧，當時嵇喜應該還活著，不知嵇紹的拒絕或他自己的意思，總之，似是對這個姪子缺乏照顧的，到後來嵇紹反而照顧了嵇喜的孫子嵇含。

這樣我們終於比較淸楚的看到嵇康與嵇喜的關係了。

司馬炎太康三年（二八二），嵇喜當徐州刺史，再七年（二九〇），司馬炎就死了，嵇喜不可能在短短七年之中再升太僕、宗正卿就死去，因二八〇年或二八一年他才任揚州刺史，每任雖不必經六年，但總不可能只任徐州刺史一年，然後六年間做滿太僕及宗正卿，合理的說法可能在太康末做太僕，惠帝初做宗正卿，大概死在八王之亂（三〇〇）以前，年齡可能在七十到八十之間。著有《嵇喜集》。《隋書·經籍志》：「晉宗正《嵇喜集》一卷，殘缺，梁二卷，錄一卷。」兩唐志也作二卷，今已亡佚。

嵇康二兄外，也別有「弟」的記載。《世說新語·雅量篇》注引《文士傳》：

> 臨死，而兄弟、親族咸與共別。康顏色不變，問其兄曰：「向以琴來不邪？」兄曰：「已來。」康取調之，爲太平引。[68]

兄被認為是嵇喜，弟則不知何人。其他資料都沒有記錄，而且嵇康在「縲絏」時，父親即已去世，所以這個資料的文字是否有所舛誤，不得而知，但也不能說他絕對沒有一個弟弟。

嵇喜的子孫，見於《晉書·嵇含傳》的有兒子嵇蕃，孫子嵇含。嵇蕃，字茂齊，太子舍人。《元和姓纂》以為是後漢人，不足為信[69]，在《晉書·趙至傳》，《世說新語注》引嵇紹〈趙至敍〉稱：趙至與嵇蕃友善，《文選·與嵇生書》李善注稱二人同年，趙至二五七年到洛陽見嵇康為十四歲，本傳說他三十七歲死，則生於二四四年。

嵇含，字君道。《晉書》卷八十九：

> 含好學能屬文。家在鞏縣亳丘，自號亳丘子。……楚王瑋辟爲掾，瑋誅，坐免。舉秀才，除郎中。……懷帝爲撫軍將軍，以含爲從事中郎。惠帝北征，轉中書侍郎。永興（三〇四年）初，除太弟中庶子。……復以含爲從事中郎。尋授振威將軍、襄城太守。……含奔鎮南將軍劉弘於襄陽，……弘表含爲平越中郎將、廣州刺史、假節。未發，會弘卒……含性剛躁，素與弘司馬郭勱有隙，勱疑含將爲己害，夜掩殺之，時年四十四。懷帝卽位，謚曰憲。

劉弘死於光熙元年（三〇六），同年十一月惠帝死，次年懷帝卽位，則嵇含也死在這一年，依年四十四推，其生在魏陳留王景元四年（二六三），卽嵇康被殺之年。

嵇含年老時才生了一個男孩，十個月大時吐洩多日，生命危急，嵇含乃斷然給他吃毒性大的寒食散，結果不及三十天病好了，於是作一篇〈寒食散賦並序〉紀念，今幸存於《藝文類聚》卷七十五：

> 余晚有男兒，……（以上序）何孺子之坎軻，在孩抱而嬰疾，既正方之備陳，亦旁求於衆術。窮萬道以弗損，漸丁寧而積日。爾乃酌醴操散，商量部分，進不訪舊，旁無顧問，偉斯藥之入神，建殊功於今世，起孩孺於重困，還精爽於既繼。

「晚」才有男兒，可能已有四十歲，這個寶貝兒子，必為獨子無疑。《晉書》卷八十九〈嵇紹傳〉稱，紹死，「以從孫翰襲封」，則嵇含這個兒子極可能就是嵇翰，生於三〇〇左右，到成帝時（三二六——三四二），足可以「為奉朝請」，正巧的是《晉書》說「翰以無兄弟，自表還本宗」，則是還回嵇含這一宗，等到嵇翰子孫多了，於太元中再以翰孫嵇曠繼給嵇紹，襲弋陽侯。參見下文「嵇康婚姻及其子孫」（四一頁）。

嵇含有《廣州刺史嵇含集》十卷，《七錄》及兩《唐志》著錄，今已佚。

另外有一本《南方草本狀》，《文獻通考》、《宋志》著錄，以爲是嵇含的作品，依宋刊《百川學海》所收該書前有「晉永興元年十一月丙子振威將軍襄陽（應為「城」）太守嵇含撰」等字。丁國鈞《補晉書藝文志》說：

> **含拜廣州刺史未發，被害，七錄雖有「廣州刺史」之目，實含未蒞南方。**

又《南方草木狀・卷上》有一條：

> **藥有乞力伽，朮也，瀕海所產，一根有至數斤者，劉涓子取以作煎，令可丸，餌之長生。**

按劉涓子是東晉孝武帝時人，見於《晉書》卷三十七〈宗室傳〉的忠王司馬尚之傳中有「彭城內史劉涓子」。

這個劉涓子遠在嵇含之後，另外《隋志》、《兩唐志》沒有著錄，為何到宋代才跑出來？則知有僞託嵇含的可能。

《南方草木狀》傳到今天有上、中、下三卷，最早刊行是《百川學海》的宋度宗咸淳（一二六五——一二七四）的本子，佚文有清王仁俊輯的，收在經籍佚文中。主要是記載嶺南廣東、越南的植物，是中國科學史的重要文獻。它引用的典籍和史事都屬於魏晉以前的。從一些資料中仍然大概可信它是中古晉人的作品，如卷下：

> 橄欖樹，其子深秋方熟……咀之芬馥，吳時歲貢……本朝自泰康後亦如之。

可見是晉人寫的。又卷上：

> 諸蔗，一曰甘蔗，交趾所生者，圍數寸，長丈餘，頗似竹，斷而食之甚甘，笮取其汁，曝數日成飴，入口消釋，彼人謂之石蜜。

這兒說的甘蔗產地與生態，都符合現代學者所認爲甘蔗是原產於中南半島、印度的說法[70]。同時，「甘蔗」之名也已行之六朝，《齊民要術》引（按為後漢楊孚的交州）《異物志》及梁顧野王《玉篇》，都作甘蔗[71]。

此外，卷中稱：

> 蜜香紙，以蜜香樹皮葉作之……極香，……不潰爛，泰康五年，大秦獻三萬幅，常（按應

作「帝」)以萬幅賜鎮南大將軍當陽侯杜預，令寫所撰《春秋釋例》及《經傳集解》以進，未至而預卒，詔賜其家，令上之。

卷下：

海棗樹，身無閑枝……實甚大，如杯盌……味極甘美。……泰康五年，林邑獻百枚。

卷下：

鉤緣子，形如瓜，皮似橙而金色……。泰康五年，大秦貢十缶，帝以三缶賜王愷，助其珍味，夸示於石崇。[72]

以上的口氣，明是晉人寫的不必說，重要的是合於《晉書》，而又可補《晉書》之闕。

林邑大秦來貢。《晉書》卷三〈武帝紀〉說：

五年十二月庚午林邑、大秦各遣使來獻。

《晉書》卷九十七〈西戎傳・大秦國〉：

> 武帝太康中，其主遣使貢獻。

《晉書》卷九十七〈南蠻傳．林邑國〉：

> 至泰康中，始來貢獻。

所有資料如此而已，不如《南方草木狀》詳實，又說蜜香紙武帝賜杜預抄他的作品，遣使未至，杜預正好去世，則知杜預死在泰康五年，這在杜預傳都沒說，而〈武帝紀〉在五年十二月林邑、大秦來獻後說：

> 閏月，鎮南大將軍，當陽侯杜預卒。

另外，武帝以鉤緣子助王愷夸示於石崇，也不見於王愷傳及石崇傳，但却符合武帝以珊瑚樹助王愷（卷三十三〈石崇傳〉）的態度。

總之，這一部書大概可信為晉人所編撰，作者是一個通曉博物科學而又知西晉宮闈故實的能文之士，如果說是嵇含是原編者，東晉人再加補綴也是可能的。

因為嵇家到嵇含時，實早已成一個大士族，在武帝時與外國交往的史事，不會不知道，加以嵇家先人來自東南方的會稽，嵇喜又任徐、揚州刺史，嵇紹也任徐州刺史，嵇含雖未至嶺南，但以家族任官東南，在蒐集資料方面並非困難，而且嵇含能文，佚文、佚篇散見諸類書、古注，以草木方面言有〈懷香(一作槐香)賦〉、〈宜男花賦〉、〈長生樹賦〉、〈朝生暮落賦〉、〈菊花銘〉等[73]，在藥石方面有〈寒食散賦〉，全文留下來[74]。可見嵇含有對植物或礦物的喜愛和知識。

另外，還有一點聯想：嵇家既來自東南會稽，嵇喜稱他們家「家世儒學」，也許秉承了東南的學術的風尚，在三國西晉時代，東南學術還保留著兩漢具有科學精神的傳統學術，如楊泉、虞喜的天文學，葛洪的化學、醫學，吳晉的醫學等等，嵇康也能工藝、鍛鍊鐵器[75]，嵇含或者也受到影響，不過因資料的局限，這一點仍是假設而已。

四　嵇康的婚姻及其子孫

嵇康的婚姻，是決定他一生的重要關鍵之一，他娶了曹魏的亭主，曹嵇聯婚，與同為譙人分不開。這門婚事，是誰的安排，無從知道，是他父親嵇昭與曹操兒子，即康的岳祖父曹林交往的結果，嵇康自幼父親去世，大概嵇家仍繼續與曹家往來，這仍是士族的需要，舉一個例子，當時曹家與夏侯家都是沛國譙縣的大姓。征南大將軍夏侯尚娶曹操的侄女(操族子曹眞之妹)，生個女兒叫夏侯徽，司馬懿當時尙未成大氣候，馬上叫長子司馬師給娶過來，這個夏侯小姐，廿四歲就香消玉殞，沒看到晉朝，死後卻當起景懷皇后[76]。這種大族通婚，既是權力的壟斷，也是政治的延伸。嵇康之妻有二種說法：

> 嵇康妻，魏武帝孫穆王林女也。(《文選》卷十六江文通〈恨賦〉注引王隱《晉書》)
>
> 按《嵇氏譜》：「嵇康妻林子之女也。」(《三國志》卷二十〈魏書沛穆王林傳〉後注)
>
> 康以魏長樂亭主壻遷郎中，拜中散大夫。(《世說新語‧德行篇》注引《文章敘錄》)

這裏一是說曹林的女兒，一是說曹林兒子的女兒，兩說不同，或許因此唐修《晉書・嵇康傳》就籠統的說：

與魏宗室婚，拜中散大夫。

《中國思想通史》以為嵇康是曹林的孫女婿，也就是曹林母親杜夫人的曾孫女婿[77]。對這個問題，不得不從頭再加以考證。

曹林，即沛穆王，是曹操和杜夫人所生的，《三國志・魏書》卷二十〈武文世王公傳〉說：

武皇帝二十五男……杜夫人生沛穆王林、中山恭王袞。

這個杜夫人，是曹操搶自許多有夫的婦女之一。《三國志》卷三〈魏書明帝紀〉引〈獻帝傳〉：

（秦）朗父名宜祿，爲呂布使詣袁術，術妻以漢宗室女，其前妻杜氏留下邳，布之被圍，關羽屢請於太祖，求以杜氏爲妻，太祖疑其有色，及城陷，太祖見之，乃自納之。……朗隨母氏，蓄于公宮，太祖甚愛之。

又《三國志》卷三十六〈關羽傳〉注引《蜀記》：

曹公與劉備圍呂布於下邳，關羽啓公，布使秦宜祿行求救，（關羽）乞娶其妻，公許之，臨破，又屢啓於公，公疑其（秦妻）有異色，先遣迎看，因自留之，羽心不自安。此與魏氏春秋所說無異也。

獻帝建安三年冬十月（一九八）曹操把呂布圍在下邳城，呂布派秦宜祿向袁術求援，留下妻子杜氏在城內，杜氏大概很美，城未破，關羽（當時劉備關羽在曹軍內）就屢次向曹操要求分得杜氏，致使曹操注意到杜氏，十二月城破，曹操選擇了留下給自己78。杜氏與秦宜祿所生的兒子秦朗（阿蘇）也由曹操撫養。

杜氏與曹操又生了不少，可考者除三國志有傳的曹林、曹袞外，還有兩個女兒。

《文選》卷六十陸士衡〈弔魏武帝文〉：

持姬女而指季豹，以示四子曰：「以累汝。」因泣下。傷哉！曩以天下自任，今以愛子託人。

李善注引《魏略》：

太祖、杜夫人生沛王豹，及高城公主。四子卽文帝以下四王也。太祖崩，文帝受禪，封母弟彰爲中牟王、植爲雍丘王、庶弟彪爲白馬王，又封支弟豹爲侯，然太祖子在者，尚有十一人，今唯四子者，蓋太祖崩時，四子在側，史記不言，難以定其名位矣。

則知曹林，又名豹，又有一個女的爲高城公主，這一男一女大概特別鍾愛，也許又因與幾個異母的哥哥有矛盾，因此曹操死前把他們囑付給在場的四個兒子。

另外還有何晏的妻子金鄉公主。

《三國志》卷九〈曹爽傳〉注引〈魏末傳〉：

晏婦金鄉公主，卽晏同母妹，公主賢，謂其母沛王太妃曰：「晏爲惡日甚，將何保身？」母笑曰：「汝得無妒晏邪！」俄而晏死，有一男，年五、六歲，宣王遣人錄之。晏母歸藏其子王宮中……且爲沛王故，特原不殺。

沛王太妃，是對沛王曹林的母親而言的，對曹操言，則稱杜夫人，這裏把金鄉公主及何晏都當作杜夫人所生，其實在〈曹爽傳〉已明說：「晏，何進孫也。母尹氏為太祖夫人，晏長於宮省，又尚公主。」裴松之在注已加反駁，何晏母親尹氏原是靈帝后的哥哥何進的媳婦，丈夫叫何咸[79]，大概也同秦宜祿的妻子和兒子一樣，尹氏與何晏一齊被曹操接到他的後宮。使得何晏與秦朗都成為曹操的「假子」[80]。

如此嵇康妻子這一系便與何晏有了姻親的關係了。

曹操生於東漢桓帝永壽元年（一五五），死於建安二十五年（二二〇年），他在建安三年年底（一九八）納杜夫人，曹林可能是老大，最快也要生於次年一九九年。他的死年正式記載在《三國志》卷四〈高貴鄉公紀〉：「甘露元年（二五六）春正月，乙巳沛公薨。」則曹林共活了五十八歲。當時嵇康為三十三歲，只相差二十五歲，正好是一代人，則嵇康似乎是沛王曹林的女婿，不是孫女婿，因此戴明揚就以為娶林之女。

但我們仍然不排除他是娶曹林孫女的可能性，嵇康死時（二六三）兒子嵇紹十歲，他在〈與山巨源絕交書〉中稱「女年十三，男兒八歲」，則推算給山濤絕交書時是二六一年，再向前推，他的女兒是生於二四九年，正是嵇康二十六歲。

從古代上層社會普遍早婚的事實看，從一九八到二四九的五十一年中要被三代來除還是有可能的。以下我們就站在這個前提上來推演的，在《三國志》卷二十〈武文世王公傳〉的「濟陽懷王玹傳」中稱他「封西鄉侯，早薨，無子，（建安）二十年以沛王林子贊襲玹爵邑，早薨，無子，文帝復以贊弟壹紹玹後，黃初二年改封濟陽侯」，則知建安二十年（二一五）曹林十八歲時已有一個兒子叫曹贊過繼給曹林的一個弟弟曹玹，後來曹贊又早死無子，曹林的另一個兒子曹壹又繼過去。

曹林另一個兒子，可能是長子曹緯，則繼承自己穆沛王的爵位。如此已知曹林有三子，嵇康妻是誰的女兒，雖不可考，比較可能是曹緯，因為曹贊早死，曹壹年齡太輕。

曹林與嵇家相婚配，可能是曹林封於曹家發跡地，而與嵇家地緣較近的緣故。〈沛穆王傳〉說：

> 建安十六年封饒陽侯，二十二年徙封譙，黃初二年進爵爲公，三年為譙王，五年改封譙縣，七年徙封甄城，太和六年改封沛。

曹林在曹操諸子中算是一個關係較好、運氣佳、壽命長的兒子。曹操把他放故鄉，似乎別有看待，曹操、曹丕、曹叡三代人都在曹林的時代到過譙，同母弟中山恭王曹袞臨終（二三四）把世子曹孚託給曹林，又連續把兩子轉襲濟陽懷王爵，說明了他與曹操、曹丕的關係還不差，嵇康攀上了這一系，在先天上，有比較優越的條件，只是他不屑去利用。

無論誰是嵇康的岳父，此人大概生於二一五年左右，再早曹林就太小了，到嵇康女兒之生的二四九年，計三十四年間要有分二代，雖較勉強，唯仍有可能，則嵇康的妻子長樂亭主生長女，可能只有十六、七歲，他們結婚就只能推早一年，在二四八年或最早二四七年，否則根本就還沒成熟。

正好這段時間，曹家的曹爽正在當家。從二四〇年齊王芳即位，到二四九年司馬懿發動政變，屠殺曹爽止，在表面上曹爽是當權派，他引用以何晏為首的一些曹家姻親與出身不高的士人。專斷朝政，氣燄囂張，但司馬懿却暗地磨刀霍霍，二四七年，曹爽的權力達到巔峯，用何晏的意見「遷太后於永寧宮，兄弟幷典禁兵，多樹親黨，屢改制度」（《晉書》卷一〈宣帝紀〉）。這個時候嵇康二十幾歲，已極有名氣，遂成為曹爽、何晏爭取的對象，再加上曹嵇二家的關係，遂成了何晏妻舅曹林的孫女婿，但曹林這一系好像與曹爽並沒有很密切，特別是嵇康毫不熱中名利，沒有與曹爽、何晏有什麼來往，他做八品的郎中，又做七品的中散大夫，完全是無差事的文散官，只因為他是亭主的丈夫，而給他一個起碼的名位，這個中散大夫做多久不知道，以後可能主要是靠父親在山陽的土地收租，或也打打鐵器來謀生。

正因為嵇康沒有進入曹爽的權力圈，很平穩的避過二四九年司馬懿的大屠殺，同時司馬家也對像竹林七賢的這些不同程度反禮教的名士進行拉攏，阮籍、嵇康、山濤三個巨頭，阮籍無可奈何的被拉進去，山濤有意的靠攏過去，只有嵇康完全拒絕合作，再加以激烈的反對禮教、聖賢——

這些司馬家用以牧民、安民的意識型態的工具，最後又嚴重的得罪司馬昭的鷹犬鍾會，才使他被戴上帽子被殺。但對司馬昭言，這一個手無寸鐵的讀書人「危險性」不大，與曹爽沒有深交，因此「罪惡性」也不大，所以死後傳說司馬昭後悔了（見《世說新語・雅量篇》）。因為以上的這些因素，嵇康被殺，並沒有禍延妻兒，否則動不動就夷三族的司馬大屠戶，是絕對不會放過他們的。

他的妻子長樂亭主曹氏，撫養女兒、兒子嵇紹到長大。嵇紹事母至孝，和色柔聲㉛。嵇康的兒子嵇紹，《晉書》有傳，在卷六十九〈忠義傳〉中說：

嵇紹，字延祖，魏中散大夫康之子也。十歲而孤，事母孝謹，以父得罪，靖居私門。

嵇康死於二六三年，當時他十歲，則他生於二五四年，魏高貴鄉公正元元年。大他的侄兒嵇含（二六二——三〇六）八歲。

到二十八歲，山濤的推薦，才離家到洛陽做秘書丞。

山濤是司馬家姻親，司馬懿妻張春華的母親是山濤的叔祖母，也就是司馬師、司馬昭的外祖母，是山濤的叔祖母㉜。山濤代表河內的大士族，與司馬家共榮共富的，在司馬炎當第一任晉朝皇帝中，高官厚祿，做過大鴻臚、冀州刺史、吏部尚書、太子少傅、司徒。二八一年，太康二年，嵇紹在父親死後已近十八年，出自一個叛亂家庭的才俊是沒有人敢推舉的。當時山濤年已七十七，自知來日無多，以自己的地位，嵇案又事過境遷，乃向司馬炎推薦。

《世說新語・政事第三》：

嵇康被誅後，山公舉康子紹爲秘書丞，紹諮公出處。公曰：「爲君思之久矣！天地四時，猶有消息，而況人乎？」

據說本來山濤只推薦他做郎，司馬炎做順水人情，加升一級給個丞。《晉書》卷五十九本傳：

山濤領選，啓武帝曰：「〈康誥〉有言：『父子罪不相及。』嵇紹賢侔郤缺，宜加旌命，請爲秘書郎。」乃發詔徵之，起家爲秘書丞。[83]

至於山濤推舉嵇紹的年代另有不同的說法。《世說新語．政事第三》注引〈晉諸公贊〉：

康遇事後二十年，紹乃爲濤所拔。

同書注又引王隱《晉書》：

時以紹父康被法，選官不敢舉，年二十八，山濤啓用之。……

因此楊勇《校箋》說：

康死於魏景元四年（二六三），紹時十歲。晉諸公贊曰：……則山濤啓用之時，紹年不止二十八歲。王隱晉書與晉諸公贊，必有一誤。[84]

按山濤死於太康四年。《晉書》卷三〈武帝紀〉：「太康四年正月戊午，司徒山濤薨。」戊午為十八日（夏曆），公元是二八三年，上距景元四年秋嵇康被殺時，不足二十年，就算頭尾可以算二十年，可是在正月山濤就死去，資料又沒有說是山濤臨死前推舉的。因此似應取用王隱《晉書》的說法。

嵇紹開始做官，不久就遇到暗潮洶湧，危機四伏的八王之亂。他巧妙的避過賈謐、賈后集團的拉攏，而逃過永康元年（三〇〇年）司馬倫的大屠殺，因又得封弋陽子、升散騎常侍。逃不過這一切的名士有潘岳、張華、裴頠、歐陽建等詩人、思想家。

司馬倫當權，自稱皇帝。據《晉書．嵇紹傳》說：

趙王倫篡位，署爲侍中，惠帝復阼，遂居其職。

當時惠帝被廢，他任司馬倫的侍中，在司馬倫栽在他的侄孫司馬冏時（三〇一年），他如何逃過這一關，而又得以擔任原職？應該是很難的。所以吳士鑑、劉承幹的《晉書斠注》說：

《通鑑。晉紀考異》曰：「《三十國春秋》云：倫將篡位，義陽王威執詔示紹曰：『聖上法堯舜之舉，卿其然乎？』紹厲聲曰：『有死而已。』……」按以紹之衛難乘輿，血賤帝服，

> 斷無受趙王僞職之事。蕭方等之言，或爲得實，然司馬公《通鑑》則二者均不取也。

依情理，嵇紹似沒有任侍中。《晉書》卷四〈惠帝紀〉：「誅趙王倫、義陽王威……及倫之黨羽。」但《通鑑》卷八十四、〈晉紀〉六，惠帝永寧元年：「凡百官為倫所用者皆斥免，臺、省、府、衛，僅有存者。」[85]則嵇紹如果被迫，以他過去的態度看，也不是絕不可能出來任侍中的。總之，他又逃過了司馬冏的屠刀。

嵇康在獄中給嵇紹的〈家誡〉說：

> 上遠宜適之幾，中絕常人淫輩之求，下全束脩無玷之稱，此又秉志之一隅也。凡行事先自審其可，不差於宜，宜行此事，而人欲易之，當說宜易之理，若使彼語殊佳者，勿羞折遂非也，若其理不足，而更以情求來守人，雖復云云，當堅執所守，此又秉志之一隅也。
>
> ……

這種有原則的彈性人生觀，顯然是趨吉避禍的法寶，不知嵇紹是否受到父親〈家誡〉的影響，但畢竟嵇紹是這麼去做的。

三○二年死亡輪到司馬冏，他的堂兄弟司馬乂（惠帝司馬衷之弟）等取代了他。三○四年司馬乂又被遠房的叔祖司馬越幹掉，司馬乂的弟弟司馬穎遂擁兵於鄴，惠帝乃聯合司馬越，親征弟弟司馬穎，嵇紹在惠帝身邊，結果在蕩陰兵敗，身護惠帝而被殺，年五十一。他的血濺在惠帝衣上，惠帝司馬衷說這是「嵇侍中血，不要洗掉」！遂成西晉的第一個忠臣，父子兩代都不能正命而死，父為司馬家所殺，子為殉司馬家而死。

嵇康身為曹魏宗親，但並不投向曹家當權派的懷抱，當然對司馬家的陰謀、狠毒是深惡痛絕的。因此他遠離政治。可是司馬懿的子孫，野獸不如的相互廝殺自己的骨肉，而嵇紹對這一個自三國以來最差勁的政權，却不能甩掉它，且不說一個十歲的少年對父親血淋淋的躺在刑場上有什麼感受，因為形勢的轉移，條件的變化，自不必以較狹或傳統的立場來衡量那一時代的士族知識份子㊇。但至少他知道當時人命如糞土，特別是八王亂起，中國成了一個大屠場，政治人物幾乎沒有一個能全身而終的，他父親雖本性剛烈，但一生臨深履薄，喜怒不寄於顏色，而終竟不能倖免，所以擔心兒子重蹈覆轍，在〈家誡〉說：

> 人有相與變爭，未知得失所在，慎勿預也。

他也許認為他知道得失所在，所以雖千萬人，吾往矣。〈家誡〉是有道家的形式，而以儒家為內容的。又說：

> 若夫申胥之長吟，夷齊之全潔，展季之執信，蘇武之守節，可謂固矣，故以無心守之，安而體之，若自然也，乃是守志之盛者可耳。

這樣他就咬住了有正統的皇帝名號的帽子。當司馬乂被殺時，他一度被免官，他不但不急流而退，旋應詔北伐赴死亡之會。《晉書》本傳說：

值王師敗績于蕩陰，百官及侍衛莫不散潰，唯紹儼然端冕，以身捍衛，兵交御輦，飛箭雨集，紹遂被害于帝側。

百官及侍衛潰散，自顧逃命，而他儼然端冕，足見為烈士為忠臣之殷切了。

嵇紹長得高大瀟灑87，善於彈琴，是得自於遺傳與家風，性格剛毅，擇善固執，全與嵇康的內在相同，只是嵇康有較大壓抑自己的能耐，雖則有時傾向情緒化，眞情奔洩而出，而嵇紹在官場上縱橫險阻，辯才無礙。駁斥太尉陳凖的加謚，反對平反復爵給張華，書諫司馬冏驕奢，嚴辭拒絕在開會時為司馬冏彈琴等等，宛如孔融之於漢末，他不死於被捕殺，而死於戰場，實是託天之幸88。

他死後，在當時，在漫長的帝制時代贏得了一切的名號與榮譽。惠帝賜爲侯爵，有墓田一頃，田戶十戶。歷史上成爲忠愛君主的表率。

此外，也談嵇紹與嵇含的關係。據《晉書・嵇紹傳》說：

與從子含等五人共居，撫卹如所同生。

包括嵇含共五個侄子與他同居，情如父子一般，嵇含只小嵇紹八歲，其他的四個侄子應都比嵇含小，這樣才合語氣。嵇含的父親嵇蕃可能較早死，祖父嵇喜在外做官，所以嵇含就與嵇紹一起生活，另四個侄子，可能嵇含之弟，也可能嵇康另一個弟弟的孫子，或撫養過嵇康的那一個長兄的後代。《三國志・魏書・王粲傳》注引《魏氏春秋》：

大將軍嘗欲辟康，康既有絕世之言，又從子不善，避之河東，或云避世。

從子不善，可能指一個侄子，亦有反司馬家的行為。這個侄子，不是嵇蕃，那時嵇蕃已成年，將結婚生子，而且他有父親嵇喜在，不必與嵇康生活，則這個從子可能是那名位不顯的長兄之子，則四個嵇紹的侄子，或可能就是這個不善侄子的子孫。又據〈嵇含傳〉說他家在鞏縣亳丘，自號亳丘子，門曰歸厚之門，則嵇含是幼年與嵇紹同居，長大後就分開了。

嵇紹在北征中，嵇含是跟叔叔一起的，嵇紹殉死，他升為中書侍郎，後來又逐步升官，可能受到嵇紹的庇蔭，因祖父嵇喜是比嵇紹早死的。

嵇紹在元康（二九一）之前，任徐州刺史。年約三十六、七歲時長子嵇眕去世，他很傷心而辭去刺史。這兒子，嵇紹大概很喜歡他。〈嵇紹傳〉說：「有父風，早夭。」既有父親的風範，所謂早夭，自然不是幼兒夭折，也可能也有十幾歲出頭的少年。但死於嵇紹之前，而不能襲爵。

嵇眕早死，由嵇紹的侄孫嵇翰襲侯爵，則嵇紹好像沒有其他的兒子，這個嵇翰最可能是嵇含的獨子，或許也可能是嵇紹的五個侄子中的一個侄孫。

嵇翰晚年，因本家沒有兄弟可以繼承，上表歸還本宗。到了東晉末年，孝武帝太元年間（三七六——三九六年）又以嵇翰的孫子嵇曠繼承為弋陽侯[89]。

綜合上述，由嵇昭到嵇曠，前後共七代，約二百年，這個品質比較高尚的嵇姓士族，在魏晉的亂世中，扮演了不少悲劇的角色；同時在中國文化、社會的發展史上，以嵇康爲首的這個家族，也產生了積極的作用。

五　魏晉譙國銍縣嵇氏世系表

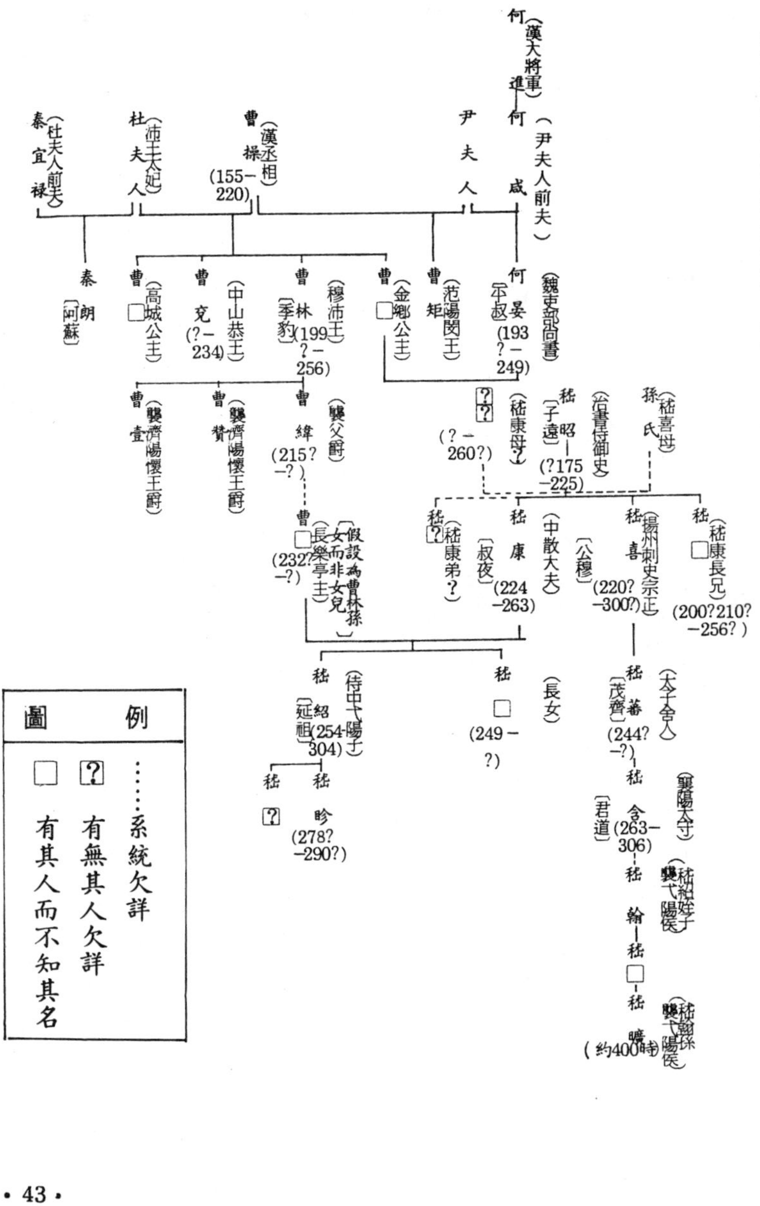

附注

❶ 陳壽寫《三國志》，時代太近，顧慮甚多，很多該寫的人物都沒寫。《三國志》記嵇康事蹟有二處，一是卷二十一〈王粲傳〉：「時又有譙郡嵇康，文辭壯麗，好言老、莊，而尚奇任俠，至景元中，坐事誅。」二十七字。一是卷二十八〈鍾會傳〉：「嵇康等見誅，皆會謀也。」九字。這是因鍾會謀反，才把責任推給鍾會。魏晉間，史書多隱晦。劉知幾《史通·直書》：「當宣景開基之始，曹馬構紛之際，……陳壽、王隱，咸杜口而無言。」

❷ 〈思舊賦并序〉見《文選》十六卷。

❸ 八王之亂時，侍中嵇紹隨惠帝在蕩陰作戰，以身護衛惠帝，受敵刀箭射殺，血濺到惠帝衣服，即歷史上所謂的「嵇侍中血」，見《晉書》卷八十九〈忠義傳〉中的「嵇紹傳」。

❹ 兩晉是史學極鼎盛的時代。劉知幾《史通》卷十二〈古今正史〉：「魏時京兆魚豢私撰《魏略》……其後孫盛撰《魏氏春秋》……異聞錯出，其流最多。……貞觀中，有詔以前晉史十有八家，制作雖善，乃敕史官更加纂錄。」清浦起龍《史通通釋》：「裴松之注引漢、晉間群書；凡百餘種，其錄魏事者，則有魚豢《魏略》、孫盛《魏氏春秋》、王沈《魏書》、陰澹《魏紀》、荀勖《文章敍錄》、《曹瞞傳》、《魏武故事》、《褒賞令》、《漢魏春秋》、《典論》、《魏末傳》、《魏名臣奏》、《魏世譜》等。……晉史十八家，按隋唐二志正史部凡八家……編年部凡十一家，……蓋十九家。」（點校本，三四七至三五二頁）又金靜庵《中國史學史》四章五九頁附表引晉史書計二十三種。

❺ 劉知幾《史通·載文》：「陳壽、干寶頗以簡約，猶時載浮訛，罔盡機要。」

❻ 只有可疑的〈言不盡意論〉（宋王應麟《玉海》稱）沒有在集中。

⑦ 公元二五五年鎮東將軍毋丘儉、揚州刺史文欽起兵討司馬失敗。見《三國志》卷二十八〈毋丘儉傳〉。

⑧ 見《隋書・經籍志》《嵇康集》注引。

⑨ 《四庫全書總目提要・嵇中散集十卷》：「……至陳振孫《書錄解題》則已作十卷，且稱：『康所作文論六、七萬言，其存於世者僅如此。』則宋時已無全本矣。疑鄭樵所載，亦因仍舊史之文，未必真見十五卷之本也……」

⑩ 關於嵇康集的歷代著錄，詳見於魯迅《嵇康集校注》附錄及戴明揚《嵇康集校本》附錄〈著錄考〉。

⑪ 侯外廬等《中國思想通史》第三卷第五章第一節，一二三頁。

⑫ 見周法高《周秦名字解詁彙釋》附錄三，陶方琦《春秋名字解詁補誼》上卷，二四三頁。

⑬ 《中國思想通史》第五章第一節。並見蕭登福《嵇康研究》第二章引，一九七六年，台北，自印本。

⑭ 見《竹林七賢研究》六〈嵇康研究〉，中國學術著作獎助會，台灣商務本，六三至六四頁。

⑮ 見王充《論衡・自紀篇》。「一姓孫」依《中國學術名著今釋語譯本兩漢編》點斷，西南書局本，四〇七頁，及北京大學《論衡注釋》，中華書局，一六六九頁。

⑯ 譙國譙人夏侯氏，譙國龍亢及銍人桓氏，都是譙郡的豪門大族。參見王伊同《五朝門第》下冊，表十五、四四。

⑰ 見《晉書》六十二卷〈文苑傳〉中的趙至傳。

⑱ 〈氏族略第四〉，以名為氏，夏人名，世界書局本，六三頁。又按《漢書・高惠高后文功臣表》，王先謙補注本，二一六頁，有魯侯奚涓，及二三二頁，有成陽定侯奚意。

⑲ 《左傳》桓十七年《春秋經》，會箋本，八三頁。

⑳ 《漢書》見注⑱。《史記》見〈高祖功臣侯者年表第六〉，會注考證本，五三頁及一一六頁。

㉑ 見《通志・氏族略》北代複姓。按北魏出奚姓較多。

㉒ 見錢穆《史記地名考》，五二四頁。

㉓ 譙在今安徽省亳縣附近，距豐邑一百多公里。

㉔ 唐修《晉書》卷七十六〈王彬傳〉附王彪之傳。吳士鑑、劉承幹斛注本，一三〇三頁。

㉕ 《姓觿》卷二奚姓引千家詩。按陳士元治學態度極不嚴謹。

㉖ 《新唐書》卷一百六十四，新文豐版，三冊，一九一〇頁。

㉗ 《元和姓纂》卷三：「稽，黃帝臣太山稽之後，風俗通云：『稽黃，秦賢人。』」《廣韻》十二齊：「稽，……亦姓，呂氏春秋有秦賢者稽黃。」

㉘ 杵應作杼。《史記・夏本紀》索隱：「音佇，《系本》云：『季佇作甲者也。』《左傳》曰：『杼滅豷于戈。』《國語》云：『杼能帥禹者也。』」會注考證本，卷二，四七頁。

㉙ 以上五字補加。岑仲勉四校說：「此五字卽洪氏據《秘笈新書》增者，《類稿》引文亦有之。」中央研究院本，二六一頁。

㉚ 二里頭與良渚文化，參見日本貝塚茂樹《中國古代再發見》，一九七九年 NHK 大學講座，及嚴耕望〈夏代都居與二里頭文化〉，《大陸雜誌》六十一卷五期。

㉛ 李孝定編《甲骨文字集釋》第十，三二四五頁。

㉜ 周法高編《金文詁林》卷十，第一三六二字。

㉝ 參見嚴一萍〈釋奚媄傒〉，《中國文字》第四冊第五篇。

㉞ 前文六頁：「『（壬）申卜，貞：王田奚（往）來亡巛。』（《續》三、三〇、一）此第五期帝乙帝辛時卜辭，又恢復形，在此為田獵之地名。《春秋》桓十七年：「及齊師戰于奚」……疑殷商之奚

即此，蓋亦古國之遺也。」

㉟ 會注本，卷二，四二頁及五一頁。

㊱ 點校注本，卷五，二一三頁，九思本。

㊲ 竹添光鴻會箋本，哀七年，四五頁。

㊳ 宋光宇《人類學導論》第十一章〈親屬關係〉，二九四頁。

㊴ 《三國志》，盧弼集解本，二〇頁。又曹操宗族墓葬，見《文物》一九七八年八期。

㊵ 以上二處見卷二十一「江南鳳陽府亳州」，樂天本，一〇一九頁，但《方輿紀要》稱「魏置譙郡」，不如《一統志》詳確。

㊶ 卷二十一「江南鳳陽府宿州」，樂天本，一〇〇六頁。

㊷ 《三國志集解》卷二十一，五四一頁。治書侍御史的「治」集解本作「持」，乃避唐高宗李治諱而改。

㊸ 《嵇康集校注》卷二，一一七頁。

㊹ 同上書，卷一，二六頁。

㊺ 見以下的考證。

㊻ 見《三國志・魏書武帝紀》。又注引吳人作〈曹瞞傳〉及郭頒《世說》，說曹嵩本姓夏侯。集解本，二三頁。所以侯氏《中國思想通史》：「又考曹操的出身，也極模糊，……他與袁氏的四世三公比，貴賤美醜，相去天淵。又考〈魏志・夏侯惇傳〉，也只籠統地說，……其父祖怎樣，都沒有提。」（一二七至一二八頁）

㊼ 《三國志》集解本，三一頁。建平也近譙。

㊽ 《三國志》集解本，四九〇至四九一頁。

㊾《三國志》集解本，四五頁。

㊿《三國志》卷二十三〈魏書・杜襲傳〉：「文帝卽王位，賜（杜襲）爵關內侯。及踐阼，為督軍糧御史，封武平亭侯，更為督軍糧執法，入為尚書。」卷二十四〈魏書高柔傳〉：「文帝踐阼，以柔為治書侍御史，賜關內侯。」

51 《三國會要》卷九〈職官〉上，點校本，一五四頁。

52 《晉書》吳士鑑、劉承幹斠注本，五二二頁。

53 《三國志・王粲傳》注引〈康傳〉，集解本，五四一頁。

54 《元和姓纂》卷三「嵇姓譙郡銍縣」條校語。

55 見《大陸雜誌》第十八卷第一期，二頁。〈嵇康研究〉係分上、下分載於該雜誌第一及第二期，並收入牧童版《中國哲學思想論集》第三冊（兩漢魏晉隋唐篇）。

56 《嵇康集校注》卷一，二六頁。

57 見何啓民《竹林七賢研究・嵇康研究》，六六及六七頁。

58 《嵇康研究》，四七頁。

59 以上見楊勇校箋本，五七九頁。嵇喜遭阮籍白眼事，又見《晉書》卷四十九〈阮籍傳〉，新校本，一三六一頁。

60 卷三，點校本，七四頁。

61 陶希聖《中國政治制度史・魏晉南北朝篇》：「致仕年齡，魏晉南北朝大抵規定為七十歲。」啓業本，四二一頁。

62 《晉書》卷三十八，點校本，一一三〇至一一三一頁。

63 《晉書》卷三，點校本，六十四頁。

64 《晉書》卷六十八，點校本，一八二四頁。

65 見《晉書》卷三十八〈齊王司馬攸傳〉。

66 《世說新語·雅量篇》注引《文士傳》、《文選》向子期〈思舊賦〉注、《太平御覽》五七七並引。

67 白氏《六帖·事類集》卷六、卷七、卷十。

68 《世說新語》第六，楊勇校箋本二六六頁。

69 《元和姓纂》卷三「嵇姓譙郡銍縣」：「後漢太子舍人嵇蕃子（岑仲勉校為「字」字）生含……」文字奪誤，不足採信。

70 于景讓譯日本加藤繁原的〈中國的甘蔗與沙糖的起源〉，《大陸雜誌》九卷十一期。

71 拙作〈上古的食物〉，《大陸雜誌》五十三卷二期。

72 《南方草木狀》，《叢書集成》據宋《百川學海》排印本。

73 見戴明揚《嵇康集校注》附錄佚文，三二九頁。

74 《藝文類聚》卷七十五。按寒食散是中古通行的猛藥，是礦物、植物配成，見余嘉錫〈寒食散考〉，《輔仁學誌》七卷一、二合期。參見〈年譜〉二五四年、二五六年（本書一四〇頁）

75 《世說新語·簡傲篇》注引《文士傳》：「康性絕巧，能鍛鐵。」嵇康鍛鐵見《年譜》二五三年。

76 《晉書》卷三十一〈后妃傳〉：「景懷夏侯皇后諱徽，字媛容，沛國譙人。父尚，魏征南大將軍，母曹氏，魏德陽鄉主。」

77 何啓民《竹林七賢研究》，六九至七一頁，並引。

78 呂布被圍於下邳，城破被殺事，見《三國志》卷一〈魏武紀〉、卷七〈呂布傳〉、卷三十二〈蜀先主傳〉、卷三十六〈關羽傳〉。

79 見盧弼《三國志·曹爽傳》集解引《論語集解·序》邢昺疏。
80 參見〈曹爽傳〉注引《魏略》。
81 《太平御覽》四百十二引臧榮緒《晉書》：「嵇紹事母至孝，和色柔聲，常若不足，謹身節儉，朝夕孜孜，親執刀俎，非無役，以他人不如己之至誠也。」
82 《晉書》卷三十一〈宣穆張皇后傳〉。
83 又見《世說新語·政事第三》注引〈山公啓事〉。
84 以上《世說新語》資料，見楊勇校箋本，一三二頁。唐史官徐堅上書武后引此史事：「古者罰不逮嗣……嵇康蒙戮而紹死於難。今選部廣責逆人親屬……臣請……一切不禁，以申曠蕩。」《新唐書》卷一九七，七冊，五六六二頁。
85 《資治通鑑》卷六十四，點校本二六六〇頁。
86 指責嵇紹的普遍觀點，如王回〈嵇紹贊〉：「康與安實皆為魏臣，其誅也，豈犯有司，特晉方謀纂魏，忌其賢而見圖，故康誅而魏亦自亡。若紹可謂兼父與君之仇者也，力不能報，猶且避之天下，顧臣其子孫而為之死，豈不謬哉？」（引自《嵇康集校注》附錄，誄評，三八五頁）
87 《世說新語·容止篇第十四》：「嵇康身長七尺八寸，風姿特秀，見者嘆曰：『蕭蕭肅肅，爽朗清舉。』……」又同篇：「有人語王戎曰：『嵇延祖（紹）卓卓如野鶴之在鷄群。』答曰：『君未見其父耳！』」後一條又見《晉書》卷八十九〈嵇紹傳〉。
88 以上資料見《晉書》卷八十九〈嵇紹傳〉。
89 見上文「嵇康的父兄」。

（〈嵇康先世及家族考述〉原文見於《師大學報》二十六期，民國七十年六月。）

嵇康出生前社會結構及文化背景的分析

一　社會時局的發展

東漢是劉家中央力量與地方士族大姓權力協調所建立的保守政權❶，由於先天的失調與世襲制的脆弱性，使得權力核心很快的由劉家轉移出去，初為外戚，後為宦官，士族大姓在長期被壓抑下，其知識階層於是形成一有行動的清流集團，結合了在朝的士大夫和成千上萬的太學生，發揮了抗拒特權的力量，把傳統思想中敢說話、重氣節的優良精神繼承下來❷。又因宦官的孤獨感的自卑與組織系統的疏陋，使得宦官集團更貪婪更殘忍。自奮螳臂之勇的士人，無可避免的成為撒旦食而難嚥的最後一頓晚餐❸。

清議沈寂了，可怕的寧靜，終於在中平元年（一八四年），無告的農村饑民，猶如排山倒海的巨流，壓碎了權力築成的大壩，割裂了漢帝國奄奄一息的江山。

各個地方士族集團及地方軍閥紛紛而起，宦官在中央成了甕中之鼈，不旋踵之間，二千多個宦官即被連根拔去，接著董卓蟠居洛陽，大肆屠殺，從此黃河中游籠罩在死亡的陰影中。《後漢書》卷七十二〈董卓傳〉：

是時洛中貴戚室第相望，金帛財產，家家殷積，卓縱放兵士，突其廬舍，淫略婦女，剽虜資物，謂之搜牢……虐刑濫罰，睚眥必死，群僚內外莫能自固。卓嘗遣軍至陽城，時人會於社下，悉令就斬之，駕其車重，載其婦女，以頭繫車轅，歌呼而還。……於是盡徙洛陽人數百萬口於長安，步騎驅蹙，更相蹈藉，饑餓寇掠，積尸盈路，卓自屯留畢圭苑中，悉燒宮廟官府居家，二百里內無復孑遺。

初平三年（一九二）董卓被殺，他的西北軍部屬李傕、郭汜等又蹂躪關中，焚燒長安。《後漢書・董卓傳》又說：

時長安中盜賊不禁，白日虜掠，傕、汜、稠乃參分城內，各備其界，猶不能制，而其子弟縱橫，侵暴百姓，是時穀一斛五十萬，豆麥二千萬，人相食啖，白骨委積，臭穢滿路。

……

初，帝入關（一九〇年），三輔戶口尚數十萬，自傕、汜相攻，天子東歸後（一九六年），長安城空四十餘日，強者四散，羸者相食，二、三年間，關中無復人跡。❹

這樣可怕的景象，只有透過目擊的知識份子的文字描繪，才能使人對當時人民的哀吟、絕望寄予無涯之同悲。蔡邕的女兒——勇敢的女詩人蔡琰，就在初平初年被西北軍閥所擄，而輾轉陷於匈奴❺。她的〈悲憤詩〉眞是一字一淚，淒涼慘痛❻。

從建安元年（一九六）曹操開始挾獻帝以令諸侯起，經十年的艱苦征伐，消滅了北方的大士族集團袁紹，使北方才有喘息的機會，建安十三年（二〇八），赤壁一戰，曹操統一天下雄心從此幻滅，三國六、七十年的分裂局面於焉開始。

二二〇年曹操死，曹丕迫不及待要摘去劉協的漢獻帝這頂空帽子，導演一批又一批的官員勸進❼，然後讓漢獻帝「追踵堯典，禪位于魏王」，這一齣醜劇落幕，曹丕做起「饗茲萬國，以肅承天命」❽的皇帝，同時也確定了三百多年間包括他的子孫的政權轉移的「曹丕模式」。

次年（二二一）劉備在成都稱帝，他很聰明的打著漢的旗號。可惜只做了二年的先主，便因伐吳失敗而含恨永安。

當蜀欲伐東吳之時(二二一)，孫權遣使向魏稱臣，卑辭奉章，次年，曹丕進一步要求孫權遣派兒子入侍於洛陽，孫權乃加拒絕，及劉備一死，吳蜀兩個弱勢的力量，基於共同的戰略利益，馬上通好。

魏黃初五年（二二四）七月曹丕即帶兵南下征吳，九月到廣陵，要渡長江，遇到暴風而折回❾。這一年嵇康出生。

二　傳統學術的變易

西漢自劉徹以後，董仲舒的儒學加陰陽的思想，遂成為意識型態的主流，他們在天人感應的哲學架構中，添附了讖緯符命的思想，整個西漢的儒者如韓嬰、匡衡、翼奉、京房、劉向，都不同程度的蒙上一層神秘的色彩。後來經過新莽變革的失敗，以至東漢社會的益加苦難，知識份子漸能醒悟，逐次摒棄章句、教條、陰陽、讖緯，從桓譚、王充、張衡，一直到漢末的仲長統、荀悅、崔寔，無不走向開放、落實現實。

比較保守的經學界也開始變化，如許慎、馬融（七九——一六六）、盧植（?——一九二）、鄭玄（一二七——二〇〇）已融通古今文經，突破恪守家法及訓詁章句的藩籬，尤其鄭玄實事求是而富有科學思想的治學方法，實在是從離亂的現實社會中所走出來的一條道路。即《後漢書》卷六十五本傳范曄的論所說：

鄭玄括囊大典，網羅衆家，删裁繁蕪，刊改漏失，自是學者略知所歸。

經過長期的騷亂，傳統的道德，是非的觀念完全瓦解。范滂在投案被害前別子的遺言，說明了仁義道德背面的不實性。儒家思想已折斷了社會的支柱。《後漢書》卷六十七〈黨錮傳〉范滂傳：

顧謂其子曰：「吾欲使汝爲惡，則惡不可爲；使汝爲善，則我不爲惡。」行路聞之，莫不流涕。

這樣強權囂張，正義不行的社會，正是佛釋道教發展的主要因素，在漢末曹魏之際，佛教已播種在苦難人民的心田裏，開始發芽，西來的與漢族的僧侶熱心佈教與譯經。而道教更早在廣大的農村面，產生信仰與力量。牟子的《理惑論》對佛、道的比較，正是此時社會宗教思想的反映。

二二四年即嵇康生的這一年，天竺的和尙維祇難、竺律炎到吳國的武昌傳教⑩。

三 士人的清議

至於一般士族知識份子，文化惰性大，對民間的道教，及外來的佛教，心理上有較大的排斥作用，除了對老莊思想的吮吸外，直到魏晉才逐漸發生關係。

在這之前的桓靈時代，他們身受或目睹黨錮之禍的種種政治迫害，大多把聲調降低，觸角轉向，像清流的領袖郭太（泰）早就是一個時代的先覺者。《後漢書》卷六十八〈郭太傳〉：

> 或問汝南范滂曰：「郭林宗何如人？」滂曰：「隱不違親，貞不絕俗，天子不得臣，諸侯不得友，吾不知其它。」後遭母憂，有至孝稱。林宗雖善人倫，而不為危言覈論，故宦官擅政而不能傷也，及黨事起，知名之士多被其害，唯林宗及汝南袁閎得免焉。⑪

郭泰所以為嵇康所景仰就是在這一點。可惜嵇康雖二十年沒有喜、慍之色，仍逃不過更密的羅網。

另外又有荀爽。《後漢書》卷六十二〈荀爽傳〉：

> 延熹九年，太常趙典舉爽至孝，拜郎中。對策陳便宜曰……奏聞，即弃官去，後遭黨錮，隱於海上，又南遁漢濱，積十餘年，以著述為事，遂稱為碩儒，黨禁解，五府並辟，司空袁逢舉有道，不應。

可見荀爽一生都在為保身而遠禍避害。

陳蕃免去太尉，空下職位，當時朝野都看中李膺，他怕李膺「名高致禍」，寫信要他「屈節以全亂」，最後四句是「願怡神無事，偃息衡門，任其飛沈，與時抑揚」⑫。畢竟在屠刀下，一般的人都要低頭，只是等而下之的還有一些在權力核心邊緣浮沈，做個聽話的奴才！如《後漢書》卷七十九下〈儒林傳〉說：

> 自桓、靈之間，君道秕僻，朝綱日陵，國隙屢起。自中智以下，靡不審其崩離。而權彊之臣，息其窺盜之謀；豪僞之夫，屈於鄙生之議者，人誦先王言也，下畏逆勢也。至如張温、皇甫嵩之徒，功定天下之半，聲馳四海之表，俯仰顧眄，則天業可移，猶鞠躬昏主之下，狼狽折札之命，散成兵，就繩約，而無悔心。暨乎剝橈自極，人神數盡，然後群英乘其運，世德終其祚。跡衰敝之所由，而能多歷年者，斯豈非學之效乎？⓭

到了建安時代，殺戮更重，但不乏「寧鳴而死，不默而生」之士，繼續燃燒著清議的香火，他們的下場，必然是讓人哀吟「蒿里誰家地？聚歛魂魄無賢愚」了⓮。

孔融（一五三——二〇八）、禰衡（約一七三——一九八）便是崢嶸突出的人物。孔融是孔子二十世孫，年幼時即以讓梨聞名，十六歲就敢收留被宦官追捕的兄之友張儉，還要代兄一死，後來勇敢的反對朝廷加禮馬日磾，反對朝廷復用肉刑，上書彈劾荊州牧劉表僭僞，譏諫曹丕接收袁熙（紹子）妻甄氏，及曹操討烏桓。尤爲曹操所害怕是《後漢書》卷七十〈孔融傳〉所說：

> 時年飢兵興，操表制酒禁，融頻書爭之，多侮慢之辭，……又嘗奏宜準古王畿之制，千里寰內，不以封建諸侯。操疑其所論漸廣，益憚之。然以融名重天下，外相容忍，而潛忌正議，慮鯁大業。……（融）性寬容少忌，好士，喜誘益後進，及退閑職，賓客日盈其門。

……融聞人之善，若出諸己，言有可採，必演而成之，面告其短，而退稱所長，薦達賢士，多所獎進，知而未言，以爲己過，故海內英俊皆信服之。

一個嶔奇磊落，品質高貴的士族讀書人贏得了社會、知識份子的尊敬與跟隨，本是一個精明的政治家所爭取的對象，儘管曹操也是一個識才的高手，他有把敵人化為部下的能耐，然而代表士人氣節與理想的孔融與曹氏缺乏共識，沒有任何交流妥協的基礎，因為孔融之所以為孔融，正是他是反映社會士族理想主義者的表徵，和清議的主流派一樣，只好明知山有虎，偏向虎山行。對曹操言，這一股力量讓他存在曹氏集團旁邊，至少是絆手絆脚的，其潛在的禍害是深且廣的，最後曹操便設計一套程式，找個下人，輸入罪名，在終端機的螢光幕上把孔融和他的妻子、一對九歲和七歲的子女封殺在殘壘之上，不知有多少讀史者的熱淚，淌落在《後漢書》巢毀卵破的這一頁上，這一點也正好是嵇康被殺的原因之一。且再看《後漢書・孔融傳》說：

曹操既積嫌忌，而郗慮復構成其罪，遂令丞相軍謀祭酒路粹枉狀奏融曰：「少府孔融，昔在北海，見王室不靜，而招合徒衆，欲規不軌，云：『我大聖之後，而見滅於宋，有天下者，何必卯金刀。』及與孫權使語，謗訕朝廷。又融爲九列，不遵朝儀，禿巾微行，唐突宮掖。又前與白衣禰衡跌蕩放言，云：『父之於子，當有何親？論其本意，實為情欲發耳。子之於母，亦復奚為？譬如寄物缻中，出則離矣。』既而與衡更相贊揚。衡謂融曰：『仲尼不死。』融答曰：『顏回復生。』大逆不道，宜極重誅。」書奏，下獄弃市，時年五十六，妻子皆被誅。⑮

這份起訴書也是判決書的內容大致是：一早有叛國（指卯金刀的劉漢，其實是曹操的國）思想與行動；二是私通外敵（孫權）誤謗朝廷；三是不遵朝儀，行為乖戾；四是違反倫理，迕逆孝道；五是勾結叛徒（當時禰衡已被殺），相互標榜。這是毫無事實而居心毒辣的大「陽謀」，從此成為政治藝術家所縫製的一頂標準式樣的花帽。相反的，孔融是一個孝子。本傳說：「年十三，喪父，哀悴過毀，扶而後起，州里歸其孝。」及其他有關家庭融融樂樂的史事，他家足以當選他那個時代的模範家庭。他也足以當選好人好事的代表。這五大罪狀，曹操無一不得滿分。誰教法律之花是開在權力的枝莖上⑯。

至於氣勢剛傲，目無權勢的禰衡，竟活不過二十六歲，文章且多散失，幸運的只有他的名字簡歷和一篇〈鸚鵡賦〉留在史冊上⑰。

四　清議轉化爲清談

在政治結構中，已經沒有批評者的角色，讓士族的知識份子給扮演了，於是徜徉於山林，酣醉於杯酒。《文選》應休璉（璩）〈與從弟君苗君胄書〉：

> 閒者北遊，喜歡無量，登芒濟河，曠若發矇。……逍遙陂塘之上，吟詠菀柳之下。結春芳以崇佩，折若華以翳日，弋下高雲之鳥，餌出深淵之魚。蒲且讚善，便嬛稱妙，何其樂哉！

《晉書・阮籍傳》：

籍本有濟世志，屬魏晉之際，天下多故，名士少有全者，籍由是不與世事，遂酣飲爲常。

清議由是全面轉為清談，他們不能解除手脚嘴巴上的枷鐐、口罩，只好從心中去尋求自我逍遙與逃避現實的桃花源，《周易》、《老子》、《莊子》的三玄，成了他們培養特殊作物的溫室。自曹操提倡刑名之術後，士人遂由此轉而談論人的才能與德性等名實的問題，即把過去具體的評論政事、諷諭人物，轉化為抽象的論述才性，則才性論實透過三玄的園地而發展起來的。這是融合儒、道、名、法的新學術。

湯用彤《魏晉玄學論稿・魏晉思想的發展》說：

在魏文帝的時候，北方風行的思想，主要的是本於「形名之學」（或作刑名，省稱名家）即特別偏重於人事政治方面（名教）的討論。這個名家的根本理論是名實之辨，所以跟傳統儒家與法家的學說，均有可以相通的地方……故有以說人君是道體，并以配天，臣下只是各得其分，各盡所職，便謂是器。《老子》書言：「道可道……非常名。」……人君合乎道，百姓與能，臣民分職，各具德性，所以人君無名無爲，臣名有名有爲。……當時的形名之學，不僅是跟法家、儒家有關，且與道家相通了。⑱

五　豐腴的文學園地

在文學方面，建安文學是一朶璀璨的奇葩。那人民離亂，血肉模糊的時代，詩人們無不心懷淚水，口吐珠玉。一代梟雄曹瞞，雅愛詩文，父子唱和，蔚然成風。還有七子，以及知名、不知名的歌者，他們善用樂府民歌的形式，謳歌驚濤駭浪的大變局，澆散胸中沈積的壘塊。四言、五言飛躍到最高的境界，七言則已突破幼稚臻於成熟。正是鍾嶸《詩品序》所說的「彬彬之盛，大備於時矣」。

以上就是嵇康出生前的社會結構以及哲學文學發展的大致形勢，嵇康便是站在這樣的基礎上，而繼續前進的。

附注

❶ 參見余英時《中國知識階層史論・古代篇》第二篇〈東漢政權之建立與士族大姓之關係〉，一〇九至一八四頁。

❷ 上註同書第三篇〈漢晉之際之新自覺與新思潮〉，二〇五至三二九頁。

❸ 被殺的參見《後漢書》卷九十七〈黨錮傳〉，王先謙集解本，七四六至七六〇頁。

❹ 王先謙集解本，七九六至八〇一頁。又《三國志》卷六〈董卓傳〉也記載這段殘酷的史事。

❺ 見余冠英《漢魏六朝詩論叢》中〈論蔡琰悲憤詩〉一文，七八至九〇頁。該書收入鼎文書局的《中古文學概論》等五書中。

❻ 指五言體〈悲憤詩〉，載於《後漢書・董祀妻（即蔡琰）傳》中。

❼ 見《三國志》卷二《魏書・文帝紀》注引劉廙、辛毗……等等的上書勸進。集解本，九二至一〇三頁。

❽ 《三國志》卷二〈文帝紀〉。漢獻帝讓位的冊書的最後兩句。集解本，九二頁。

❾ 參見《三國志》卷二《魏書・文帝紀》、卷四十七《吳書・吳主權傳》，及《資治通鑑》卷六十九〈魏紀〉一「文帝」。

❿ 見《高僧傳》卷一。

⓫ 《後漢書》卷六十八，點校本，二二二六頁。

⓬ 《後漢書》卷六十七，點校本，二一九五頁及二一九六頁。

⓭ 《後漢書》卷七十九下，點校本，二五八九頁。

⓮ 漢代士大夫平民喪歌〈蒿里〉的前兩句。

⑮以上關於孔融的資料見《後漢書》卷七十〈孔融傳〉，點校本，二二六一至二二八〇頁。孔融罪名，又見《三國志・崔琰傳》注引《魏氏春秋》。孔融稱父子關係是一種理性的分析，是繼承王充所謂「夫婦合氣，非當時欲得生子，情欲動而合，合而子生矣」（《論衡・物勢》）的經驗思想而來，與不孝無關。一如後來的阮籍，他很不守禮法，但仍為孝子一樣。

⑯曹操奪取政權，穢亂宮闈。又是最不重視傳統倫理的，他頒發的建安四令，只問才而不問德，便反映他反儒重法的現實主義觀點。

⑰見《後漢書》卷八十〈禰衡傳〉，點校本，二六五二至二六五八頁。

⑱見廬山出版社版，一三五至一三六頁。該文又收入牧童出版社的《中國哲學思想論集》第三冊。

乙　嵇康年譜

魏文帝曹丕黃初五年（二二四年）一歲

嵇康生。

嵇康的生年，史書沒有記載。生於黃初五年是從《晉書》本傳說他被害時「年四十」，及被害年代去推算的。

嵇康被殺年代有三種說法：

第一是魏高貴鄉公正元二年（二五五年）。這種說法是晉人干寶、孫盛、習鑿齒所說，錯誤最大，畢竟他們寫作時上距嵇康之死恐已逾一百年，他們誤以為嵇康在該年參與了毌丘儉、文欽的一次對司馬家武裝反撲行動，因失敗而被殺的。事實嵇康有參與之心意，却沒有參與的行為。到公元四二九年劉宋裴松之完成的《三國志》加以反駁：

臣松之案：本傳云：「康以景元中，坐事誅。」而干寶、孫盛、習鑿齒諸書皆云：「正元年，司馬文王反自樂嘉，殺嵇康、呂安。」蓋緣《世語》云：「康欲舉兵應毌丘儉。」[1]故謂破儉便應殺康也。其實不然，山濤爲選官，欲舉康自代，康書告絕，事之明審者也。案〈濤行狀〉，濤始以景元二年除吏部郎耳。景元與正元相較七八年。以〈濤行狀〉檢之，如本傳為審。又〈鍾會傳〉亦云「會作司隸校尉時誅康」。會作司隸，景元中也。干寶云「呂安兄巽善於鍾會，巽為相國掾，俱有寵於司馬文王，故遂抵安罪」。尋文王以景元四年鍾、鄧平蜀後，始授相國位，若巽為相國掾時陷安，焉得以破毋丘儉年殺嵇、呂？此又干寶之疏謬，自相違伐也。（〈王粲傳〉注）

裴松之的考證非常精闢，正元二年之說完全站不住脚，最有資格正確說出的史家是陳壽，可惜他惜墨如金，對嵇康很是忌諱，尤其是被他主子家誣殺一事，更是敏感，只是用「至景元中，坐事誅」，一語帶過，做什麼事他心裏有數，景元那一年被殺也許無關重要，用一個「中」字就了了。

第二是魏陳留王景元三年（二六二年）。首由司馬光《資治通鑑》在景元三年稱：「康與濤書，自說不堪流俗，而非薄湯、武，……昭遂殺安及康。」❷理由沒有說。其後元白珽的《湛淵靜語》、明郎瑛的《七修類稿》、清吳榮光的《歷代名人年譜》以及姜亮夫《歷代名人年里碑傳總表》、蕭登福《嵇康研究》等都隨之作景元三年。

第三是魏陳留王景元四年（二六三年）。其實裴松之在《三國志》注已懷疑是四年了。近世劉汝霖《漢晉學術編年》、戴明揚《嵇康集校注》都作四年。理由很簡單，裴松之《三國志・王粲傳》注引〈山濤行狀〉說：

濤始以景元二年除吏部郎。（《晉書・山濤傳》：「遷尚書吏部郎。」）

《世說新語·棲逸篇》引〈嵇康別傳〉：

> 山巨源（濤）爲吏部郎，遷散騎常侍，舉康自代，康辭之，並與山絕。……乃答濤書，自說不堪流俗而非薄湯、武，大將軍聞而惡之。」

所以劉汝霖《漢晉學術編年》便把嵇康〈與山巨源絕交書〉的寫作年代放在景元二年（二六一年）。

十歲而孤。

該絕交書說當時他的一個女兒，與一個兒子的年齡：「女年十三，男年八歲，未及成人。」嵇康只有一個兒子，即嵇紹。他是《晉書·忠義傳》的第一個人物。本傳說：

則嵇康是寫絕交書的景元二年，再過二年的景元四年被殺的。

主張死於景元三年的一個理由是嵇康死於鍾會為司隸校尉之時，景元三年冬鍾會已任鎮西將軍，可見不是四年❸。

按《三國志·鍾會傳》：

> 遷司隸校尉，雖在外司，時政損益，當世與奪無不綜典，嵇康等見誅，皆會謀也。……景元三年冬，以會爲鎮西將軍，假節都督關中諸軍事，文王勅青、徐、兗、豫、荆、揚諸州

並使作船，又令唐咨作浮海大船，外爲將伐吳者。四年秋，乃下詔使鄧艾、諸葛緒各統諸軍三萬人……會統十餘萬衆分從斜谷、駱谷入。

本傳中沒有說何時出任及解去司隸校尉的職務，嵇康見誅一句是插進去的，因為司隸校尉是掌管監視百官及京師治安的主官，即是負責警備與特務的頭子，同時還兼領司州一州，管河南、河東、河內、宏農、平陽五郡❹。嵇康長住河內，正是他直接所控制的地盤。

此外魏晉地方郡國官吏是最常兼領武官的將軍，司隸校尉亦為地方官，尤其鍾會當時的權力實只是一人之下，便擔下了征蜀的總指揮——二品的鎮西將軍。

與司隸校尉同屬地方官的州刺史兼領將軍的很多，不勝枚擧。如：

山濤為冀州刺史，同時為寧遠將軍❺。

文欽為揚州刺史，同時為前將軍❻。

王戎為荊州刺史，同時為揚烈將軍及為豫州刺史，同時為建威將軍❼。

當景元三年鍾會任鎮西將軍，到次年秋天，近一年之間，事實仍住在京師洛陽籌劃部署征蜀與吳的行動，非常明顯仍兼司隸校尉，也就在四年的秋天以前逮捕嵇康，在出征以前處決，要是留著嵇康在後方，固然已沒有另一個毋丘儉可以讓嵇康蠢蠢欲動，畢竟是鍾會的心頭之瘤，公仇私恨，劊之為快，征蜀之役，鍾會雖別有用心，終是千里迢迢，吉凶難卜，放著嵇康，夜長夢多。果然鍾會滅蜀之後，在第二年（景元五年）的春天，因謀變不成，而被魏兵所殺。

由此，可見嵇康是死於景元四年，上溯四十年，則生於黃初五年，公元二二四年。

嵇康，字叔夜。父親嵇昭，母親不詳，或仍為兄嵇喜之母孫氏所生❽。出生地也不知道，或許生在家鄉譙國銍縣，譙國是曹操的發迹地，曹丕生在這裏，後給立為五個都城之一。是魏國政治軍事要點，有特殊的建設，有些遺跡留到後世[9]。在嵇康出生時屬於曹操庶子沛穆王曹林的封地，曹林正是後來他妻子長樂亭主的祖父[10]。

另外河內郡山陽縣也許可能是他的出生地，他長大以後都住在山陽[11]。

【時事】

漢獻帝建安二十五年（公元二二〇年）曹操去世，次子曹丕於同年導演獻帝「禪讓」，取得法統而稱帝，年號黃初。次年（二二一年）劉備稱帝於成都，年號為章武。旋即率兵東征東吳，二二三年兵敗死於永安，同年後主繼位，改元建興。

黃初五年，魏在洛陽設立太學，逐次恢復了北方的傳統教育，仍以經學作爲意識型態的工具。《三國志》卷二〈文帝紀〉：

夏四月，立太學，制五經課試之法，置春秋穀梁博士。

魏先從在太學置博士十九人[12]，對魏晉經學的發展有很大的作用。高貴鄉公曹髦，在甘露元年（二五六）就曾到大學與博士辯論鄭玄、王肅兩家《易》及《尚書》。大概同時前後，嵇康有一段時間便待在洛陽抄寫石經古文異事。見二五六、二五七年。

另一方面，曹丕絕不放鬆對人民、官僚的控制、監視、殺戮，動不動就扣上「誹謗妖言」，來箝制言論，迫害人命。表面上曹丕不如乃父之長於權術，事實仍大張羅網陷民入彀。《三國志》卷二十四〈高柔傳〉：「文帝踐阼，……民間數有誹謗妖言，帝疾之，有妖言輒殺，而賞告者。……而相誣告者滋甚。帝乃下詔：敢以誹謗相告者，以所告者罪罪之。於是遂絕。校事劉慈等，自黃初初數年間，舉吏民姦罪以萬數。四年……」黃初兩、三年間，幾個特務（校事）就告發了幾萬人「誹謗妖言」，眞是一個可怕的數字，司馬家就在這個基礎上，靑出於藍的建立一支比曹家更有效率的特務組織，然後用曹丕模式吃下了曹家的江山。

天竺佛教僧侶維祇難、竺律炎到東吳的武昌傳教譯經，因語文的障礙與早期佛教傳入中國的條件不足，使成績並不理想⓭。

黃初六年（二二五年）二歲

【時事】

曹丕到外巡視，五月戊申日到他的出生地譙⓮。

陳留士族詩人阮瑀的兒子阮籍（二一〇——二六三）年十六，隨叔父到東郡，會見兗州刺史王昶，終日不開一言。王昶歎息他高深莫測⓯。

潁川士族，相國、書法家鍾繇的幼子鍾會（二二五——二六四）出生。他後來追求智謀，追求權力，而成了司馬師、司馬昭的幫凶，是殺害嵇康的主要劊子手⓰。

【生活】

嵇康的父親在本年前後逝世。除他自己在〈幽憤詩〉說「嗟余薄祜，少遭不造，哀煢靡識，越在繈緥，母兄鞠育，有慈無威」，及〈答二郭詩〉、〈與山巨源絕交書〉外⓱，在中古某家的《晉書》也稱他「早孤，有奇才……」。⓲

黃初七年（二二六年）三歲

【時事】

魏文帝曹丕（一八七——）於五月七日病逝於洛陽嘉福殿，年四十。《三國志》卷二〈文帝紀〉：「初，帝好文學，以著述為務，自所勒成垂百篇。又使諸儒撰集經傳，隨類相從。凡千餘篇，號曰《皇覽》。評曰：『文帝天資文藻，下筆成章，博聞彊識，才藝兼該。……』」兒子曹叡即位。以鍾繇為太傅，曹休為大司馬，曹眞為大將軍。

曹魏是士族建立的政治集團，曹操父子，雅愛詩賦，重視學術，比較能培養及吸收一些文學之士。在司馬懿這一士族逐漸壯大的過程中，學術文化界的士人大多站在曹氏這一邊，因此司馬家奪取曹家政權，實在就是一部摧殘士族知識份子的歷史。

山陽士族思想家王弼生（——二四九）⑲。

當時學術上經書中的《周易》逐漸被重視，而解釋經書也轉為道家化。《三國志》卷十〈荀或傳〉注引《晉陽秋》：

何劭為（荀）粲傳曰：粲字奉倩。粲諸兄並以儒術論議，而粲獨好言道，常以為子貢稱夫子之言性與天道，不可得聞，然則六籍雖存，固聖人之糠秕。粲兄俣難曰：「《易》亦云聖人立象以盡意，繫辭焉以盡言，則微言胡為不可得而聞見哉？」粲答曰：「蓋理之微者，非物象之所舉也。今稱立象以盡意，此非通于意外者也，繫辭焉以盡言，此非言乎繫表者也；斯則象外之意，繫表之言，固蘊而不出矣。」及當時能言者不能屈也，又論父彧不如從兄攸。彧立德高整，軌儀以訓物，而攸不治外形，慎密自居而已。粲以此言善攸，諸兄怒而不能廻也。太和初……

傳統價值觀已在轉化，潁川士族曹操謀士荀彧的兒子荀粲（？——約死於二三二，太和年間）正是一個新時代的代表人物，他由儒家、刑名，走向比較能獨立思維而更脫離現實的道家言論之途。

明帝曹叡太和元年（二二七年）四歲

【時事】

蜀漢後主建興五年，丞相諸葛亮積極在近魏國的邊疆建立耕戰的軍事基地，作爲長期的以攻為守的弱國戰略。《三國志》卷三十三〈蜀書後主傳〉：

五年春，丞相亮出屯漢中，營沔北陽平、石馬。

魏延壽亭侯高柔上疏以學行優劣任用博士。《三國志》卷二十四〈高柔傳〉：

「然今博士皆經明經行脩，一國清選，而使選除限不過長，懼非所以崇顯儒術，帥勵怠惰也。……臣以為博士者，道之淵藪，六藝所宗，宜隨學行優劣，待以不次之位。……」帝納之。

清談分成名理與玄遠兩派，正走向成熟，和對立。見二二六年及二二八年引《三國志》卷十〈荀彧傳〉引《晉陽秋》的資料，及其考證。

太和二年（二二八年）五歲

【時事】

春天，蜀漢諸葛亮帶兵攻出祁山，魏西北三郡吏民響應，魏派大將軍曹眞應戰，右將軍張郃在街亭打敗蜀軍⑳。

六月魏下詔郡國，推舉博士。《三國志》卷三〈明帝紀〉：

六月，詔曰：「尊儒貴學，王教之本也。自頃儒官或非其人，將何以宣明聖道？其高選博士，才任侍中常侍者。申敕郡國，貢士以經學爲先。」

傅嘏（二〇九——二五五）二十歲，由司空陳群辟為司空掾。《三國志》卷二十一：「嘏弱冠知名，司空陳群辟為掾。」傅嘏是北地士族傅介子之後，侍中尚書傅巽的侄子。

夏侯玄（二〇九——二五四）二十歲，為散騎黃門侍郎。《三國志》卷九：「玄字太初。少知名，弱冠為散騎黃門侍郎。」夏侯玄是當時昌陵鄉侯譙國夏侯尚的兒子。

就在這同時，傅嘏的朋友荀粲來到洛陽，與傅嘏展開辯論，這是清談史上的大事。《三國志》卷十〈荀彧傳〉引《晉陽秋》：

何劭爲粲傳曰：粲……太和初，到京邑與傅嘏談，嘏善名理，而粲尚玄遠，宗致雖同，倉卒時或有格而不相得意。裴徽通彼我之懷，爲二家騎驛。頃之，粲與嘏善。夏侯玄亦親，常

> 謂嘏、玄曰：「子等在世塗間，功名必勝我，但識劣我耳。」嘏難曰：「能盛功名者，識也。天下孰有本不足而末有餘者邪？」粲曰：「功名者，志局之所獎也。然則志局自一物耳，固非識之所獨濟也。我以能使子等爲貴，然未必齊子等所爲也。」㉑

文章分兩部分。前半稱傳嘏主張名理，荀粲主張玄遠。所謂「宗致雖同」，就是指清談才性的這個大前提。他們以為人都分有外在的才能，和內在的德性，這是他們所共同肯定的，但雖然如此，但在這層面以下，就針鋒相對，難以溝通，以致鬧得不愉快。而由裴徽作中間的調解。

後半是指不久，荀粲分別與傳嘏、夏侯玄相交，因為當時他們兩個人，少年得意，做起不小的京官，與荀粲不想做官，而以德性標榜的理想不同，所以荀粲又分別常與傳嘏、夏侯玄說自己的看法。說：你們做官贏我，但德性不如我。在當時士人常常評論才性，這是不足為奇的，事實夏侯玄與傳嘏的差距，遠比他與荀粲的差距大。夏侯玄，並不是名理派，所以只有傳嘏反駁。傳嘏是對功名感興趣的，以為德性與才能是相合的，有功名的，必有德性，極力為自己追求功名的心態辯護。這是屬於才性論的合、同派。最後荀粲提出比較詳細的說明，以為功名，只是外表的才能表現，是世俗所誇獎的做官之志向與才能（志，志向；局卽器，指才能）而已，與內在靈明（嵇康的「明膽」的「明」指性，「膽」指才）的德性，完全不同。這是屬於才性論的異、離派前半兩人的辯論內容不知，但應不離後半所說的主旨㉒。

這裏，已經明顯的分出二個清談不同的派系，但荀粲畢竟與傳嘏還有交情，可以坐下來談㉓，至於何晏、鄧颺、夏侯玄這般玄遠（卽玄論）派的文士，與傳嘏就互不往來，在政治上的對立很尖銳。依據傳家後世傳玄在晉武帝時所作的《傳子》記載，夏侯玄要接交傳嘏，而被拒絕，傳嘏還大罵他們三人是「皆敗德也」。《傅子》的政治與家族的偏頗立場與陳壽《三國志》寫曹爽、何晏等人是一樣的。而《三國志》卷二十一〈傅嘏傳〉「假弱冠知名」下注引《傅子》：

> 是時，何晏以材辯顯於貴戚之間，鄧颺好變通，合徒黨鬻聲名於閭閻，而夏侯玄以貴臣子少有重名，求交於嘏而不納也。嘏友人荀粲，有清識遠心，然猶怪之。謂嘏曰：「夏侯泰初一時之傑，虛心交子，合則好成，不合則怒至。二賢不睦，非國之利，此藺相如所以下廉頗也。」嘏答之曰：「泰初志大其量，能合虛聲而無實才。何平叔言遠而情近，好辯而無誠，所謂利口覆邦國之人也。鄧玄茂有爲而無終，外要名利，內無關鑰，貴同惡異，多言而妒前；多言多釁，妒前無親，以吾觀此三人者，皆敗德也。遠之猶恐禍及，況昵之乎？」

從「泰初」以下，依《三國志．傅嘏傳》，應是傅嘏在正始初向曹爽的弟弟曹羲所說的，尤其說「猶恐禍及」是指後來三人被殺的事，這種預言式的資料是有問題的。不過有一點值得注意是三人都有內外不一致的「缺點」，足以說明他們是才性論的異、離派。

這兩派的發展影響至深且巨，保守而重現實的名理派，以鍾會為首；浪漫而迂濶的玄論派以何晏為首，前者法家帶名家的個性強，是直接稟之於曹操時代的官僚政風，後者道家帶儒家的個性強，是士人受不了政治高氣壓，而閃避政治冷鋒，走向自由逍遙而形成的。同時曹丕、曹叡對曹氏宗室、姻親的忌諱和提防，使曹家的士人遂與玄論思想結合。在這個時候兩派意識型態的差距，醞釀著未來對抗的風暴。但也由於基本個性的不同，注定了玄論派的先天悲劇角色的性格；

嵇康就是其犖犖大者。

另外，値得重視的是有裴徽的中間調和派，基本上這是沒有理論基礎，而不成其為派的，但在政治行為中，成了調節兩派水差的瀉湖，尤其是做為逃避對方風暴的避風港，正始（二四〇）曹爽執政，玄論派正式成為清談的主流，雖有壓抑名理派的現象，大抵政風、學風是開放的，司馬家暗中積極收買名理派，但名理派的機警，表面上往中間靠攏，鬆懈曹爽、何晏戒心，終於在二四九年發動高平陵政變，一網打盡曹爽及其勢力，政治色彩重的玄論派被司馬家殺戮殆盡，名理派曝露原來面目，公開投向司馬家的懷抱，而大批徘徊在外圍的玄論派士人，在死亡陰影的籠罩下，只好向中間游動，但司馬家與名理派頭子鍾會，就沒有當年正始時代曹爽、何晏對付名理派那樣客氣了，凡中間而不偏過來的，就要遭殃，從李豐、夏侯玄……一直到呂安、嵇康達到了高潮。重要的事迹分見二四〇、二四四、二四九、二五四、二六三等年。

太和三年（二二九年）六歲

【時事】

四月丙申，孫權在建業正式稱帝，年號黃龍。魏、（蜀）漢、吳三國正式都有了帝號㉔。

太和四年（二三〇年）七歲

【時事】

魏明帝曹叡約在本年，罷黜一批以夏侯玄、諸葛誕等為首的宗室或士族的青年，他們清談濶論，相互標榜，似乎曹叡把他們看作東漢士族的清流集團，對皇室構成威脅，乃用過去宦官對付清流的辦法，下令罷官，軟禁他們的活動。

《三國志》卷二十八〈諸葛誕傳〉：

> 諸葛誕，字公休……累遷御史中丞尚書，與夏侯玄、鄧颺等相善，收名朝廷，京都翕然。

裴注引《世語》：

> 是時，當世俊士散騎常侍夏侯玄，尚書諸葛誕、鄧颺之徒，共相題表，以玄、疇四人爲四聰，誕、備八人爲八達，中書監劉放子熙、孫資子密、吏部尚書衛臻子烈三人，咸不及比，以父居勢位，容之爲三豫，凡十五人。帝以構長浮華，皆免官廢錮。

又據卷九〈曹爽傳〉，還包括何晏等人：

> 南陽何晏、鄧颺、李勝、沛國丁謐、東平畢軌咸有聲名，進趣於時，明帝以其浮華，皆抑黜之。及爽秉政，乃復進敍，任爲腹心。

則知這批士人與曹爽兄弟是有交往的。

按曹操有兒子二十五個，因生於戰亂之中，才智大都不錯。曹丕好不容易接了棒，登上帝座，對宗室刻薄寡恩，對能幹的弟弟如曹植、曹彰、……都深具戒心，曹彰被他毒殺，曹植幸能苟延殘喘。曹叡即位，而對那麼多的叔叔、堂兄弟，更是坐立不安，一有風吹草動，即嚴加設防圍堵。這是曹魏速亡的重要原因之一㉕。

這一批玄論派而又反司馬家的士人，離開了政壇十年之久，等曹爽執政再回來時，司馬懿早在中央佈好眼線，成了尾大不掉之勢，結果都成了司馬家登基的祭品。

曹叡稱十五人為浮華，且看他自己。《三國志》卷二十四〈高柔傳〉：

> 後大興殿舍，百姓勞役；廣樂衆女，充盈後宮；後宮皇子連夭，繼嗣未育。

害得高柔上疏希望他依周禮天子后妃以一百二十人為限，才能「育精養神，專靜為寶」生出一男半子的㉖。最後還是無能為力，沒有親子可以接下他三十六歲就丟下的江山。

吳派將軍衛溫、諸葛直帶甲兵萬人乘船向海外（夷洲、亶洲）擴張無功而歸，這是漢族對東南海外的第一次探險性的活動㉗。

二月戊子，魏刻曹丕的《典論》在太廟門外㉘。

太和五年（二三一年）八歲

【時事】

春二月，蜀漢諸葛亮出師圍祁山，開始用木牛運輸，魏司馬懿、張郃帶兵救祁山，擊退蜀軍，張郃陣亡㉙。

太和六年（二三二年）九歲

【時事】

魏博士張揖上《古今字詁》㉚。

十一月丙寅，魏陳思王曹植（一九二——二三二）去世㉛。

魏曹操子曹林改封於沛㉜。

青龍元年（二三三年）十歲

【時事】

魏明帝曹叡改元為青龍，因為郟縣的摩陂井中出現青龍，二月丁酉日曹叡親自去看卽宣佈改元，大概是井中有隻大蜥蜴吧！把它當作心中的青龍，也可以納吉祛禍，但到六月，洛陽宮鞠室就火災了㉝。

【生活】

《文選》卷十八〈嵇叔夜琴賦〉注引臧榮緒《晉書》：

嵇康……幼有奇才，博覽無所不見。

「幼」包含的時間較長，且放在本年十歲這個已可以讀書學習的階段。

《三國志》卷二十一〈王粲傳〉引嵇喜〈嵇康傳〉：

少有儁才，曠邁不群。

「少」比「幼」大，與前兩句意思一樣。

〈琴賦序〉：「余少好音聲，長而翫之。」少時即喜歡聽音樂㉞。

青龍二年（二三四年）十一歲

【時事】

東漢末代皇帝——獻帝劉協一生坎坷，「禪讓」給曹丕後，曹丕封他為山陽公，在本年三月庚寅病終，年五十四。八月葬在禪陵㉟。

春，蜀諸葛亮（一八一——二三四）又出斜谷，屯兵渭南，與司馬懿相峙。八月病死軍中，年五十四㊱。

青龍三年（二三五年）十二歲

正月，魏以司馬懿為太尉。

同月，洛陽流行大傳染病。

明帝曹叡開始在洛陽宮中大興土木。《三國志》卷三〈明帝紀〉：

是時，大治洛陽宮，起昭陽、太極殿，築總章觀。百姓失農時。

注引《魏略》：

是年起太極諸殿總章觀，高十餘丈，建翔鳳於其上，又於芳林園中起陂池，楫櫂越歌。……習伎歌者，各有千數。

七月，洛陽崇華殿火災；八月，重修崇華殿，改為九龍殿㊲。

青龍四年（二三六年）十三歲

魏建陵霄闕（觀）高二十五丈（依杜夔律尺計，折為六〇・四六二五公尺）以上，未落成時有鵲築巢其上，曹叡以為異災，問高堂隆，高以為是「此宮室未成身，不得居之象也。天意若曰：宮室未成，將有他姓制御之，斯乃上天之戒」。㊳

觀落成後，誤把空白扁額先釘上去，結果只好把白髮蒼蒼的老書法家韋誕用轆轤吊上比台北希爾頓飯店還高的空中書寫，下來後嚇得他告誡子孫永不得學習書法㊴。

景初元年（二三七年）十四歲

正月，魏傳言山茌縣又出現龍，這次是黃龍，格外高興，因自秦、漢盛行五行生剋說後，土德在中央，以御四德，最為有利，因此為政者對黃的土德最感興趣。曹丕即位，認為曹魏是土德。本年遂改元為景初，並改行景初曆，以青龍五年三月為景初元年四月㊵。

七月，魏派幽州刺史毌丘儉征割據在遼東反魏的公孫淵，因遼水氾濫無功而返，毌丘儉是河東聞喜的士族。當曹叡刮取民財大築宮殿時曾上疏說：「臣愚以為天下所急除者二賊（吳、蜀），所急務者衣食。誠使二賊不滅，士民飢凍，雖崇美宮室，猶無益也。」是開明派的士人㊶。

景初二年（二三八年）十五歲

魏派大尉司馬懿率軍平定在遼東稱燕王的公孫淵，八月班師。這是對毋丘儉的示威，並且提高他的聲望。

十二月，曹眞之子曹爽為大將軍㊷。

後世誤傳嵇康在明帝時為潯陽長。《北堂書鈔》卷一百引〈嵇康傳〉：

> **康著〈遊山九吟〉，魏明帝異其文詞，問左右曰：『斯人安在？吾欲擢之。』遂起家爲潯陽長。**

劉汝霖編《漢晉學術編年》遂編入本年。他說：「康之為官，至早須在十餘歲，而依各方考之，是年不過十五歲。十二月明帝即寢不起，故其擢嵇康，至遲亦須在此年也。」㊸其實所有關於嵇康的資料，都沒有這樣的記載，而且在他一生的發展中，於情於理都不可能。

戴明揚《嵇康集校注》：

> **此條**（《北堂書鈔》一〇〇）**藝海樓鈔本、《大唐類要》作李康，是也，《文選・運命論》注引《集林》曰「李康，字蕭遠，著〈遊山九吟〉」云云。**㊹

足見當潯陽長的是李康，不是嵇康。

魏令劉劭作〈都官考課〉七十二條，用以考核官吏㊺。劉劭是富有名、法家思想的名理派先驅。

景初三年（二三九年）十六歲

魏劉劭在年初或年底作《樂論》十四篇，「以為宜制禮作樂，以移風俗」㊻。書成，還未送上去，明帝正好去世。這是企圖繼續利用傳統的禮樂思想，作為牧民的工具。後來阮籍的〈樂論〉仍持著這種精神，只是把音樂的源頭，與自然相結合，可是嵇康在他的〈聲無哀樂論〉中，有不同的看法，他以為音樂本身沒有哀樂，不能靠它來宣揚教化。

正月丁亥，魏明帝曹叡病死在洛陽嘉福殿，年三十六，無子。裴松之考證以爲虛歲只三十五。葬在高平陵。遺詔由大將軍曹爽與太尉司馬懿輔佐在青龍三年所立的齊王曹芳，當時八歲㊼。

二月，曹爽即用帝命下詔表揚司馬懿的功德，改尊為閒職的太傅，雖說「統兵如故」，但畢竟把司馬懿架空了㊽。

齊王曹芳正始元年（二四〇年）十七歲

【時事】

曹芳是曹叡的養子，親父不知是誰。陳壽《三國志》卷四〈三少帝紀〉說：「宮少自事秘，莫有知其所由來者。」可能是故意保密與隔離，以防干政。《三國志》裴注引《魏氏春秋》說：「或云任城王楷子。」即被曹丕下毒害死的曹彰的孫子，不過在當時已經是一種傳說而已㊾。

曹爽是宗族、元勳曹眞的兒子，因與曹叡在宮中一齊長大㊿，所以在曹叡猜忌宗室的心態下，與他保有較好的關係，而且大概表現還平實，後來司馬家對這個大政敵仍允許陳壽稱他爲：「少以宗室謹重」。他尤能巧妙地維持與那些被曹叡所猜忌的那些宗室、文士的交往，因此，一執政，即在本年前後起用何晏、鄧颺、丁謐、畢軌、李勝、桓範等名士，於是玄論派成了政壇上的主流。何晏約在本年或去年任吏部尚書。《三國志》卷九〈曹爽傳〉注引《魏略》：

晏尚主（娶金鄉公主），又好色，故黃初時無所事任。及明帝立，頗爲冗官，至正始初，曲合于曹爽，亦以才能，故爽用爲散騎侍郎、遷侍中尚書。……晏爲尚書，主選舉，其宿與之有舊者，多被拔擢。（點校本，二九二頁）

《三國志》卷九〈夏侯玄傳〉：

正始初，曹爽輔政。玄，爽之姑子也。累遷散騎、中護軍。

夏侯玄品質高尚，他也任用一批自己的軍人。本傳注引《世語》：

玄世名知人，爲中護軍，拔用武官，參戟牙門，無非俊傑，多牧州典郡，立法垂教，于今皆爲後式。

同時，曹爽又用王淩為征東將軍，假節都督諸軍事，王淩的外甥令狐愚為兗州刺史，屯兵平阿[52]。諸葛誕為御史中丞尚書，出為揚州刺史、加昭武將軍[53]……等，以增加軍務方面的控制。另外，奇怪的是傅嘏在此時似乎投向曹爽。《三國志》卷二十一〈傅嘏傳〉說：

正始初，除尚書郎，遷黃門侍郎。

但旋即因批評何晏而被免官。本傳說：

時曹爽秉政，何晏爲吏部尚書，嘏謂爽弟羲曰：「何平叔，外靜而內銛巧，好利，不念務本。吾恐必先惑子兄弟，仁人將遠，而朝政廢矣。」晏等遂與嘏不平，因微事以免嘏官。

大概他至少與曹羲已經建立關係，而幻想透過曹羲去影響曹爽，以疏遠何晏，殊不知曹爽、何晏是鋼鐵結構，話馬上傳給何晏，傅嘏便捲舖蓋走路，而導致他倒向思想與他相近的司馬系統。但也由此可知玄論派並沒有殘酷的迫害異己，主流與反主流雖暗爭不停，大抵從此年開始學術與清談的活動，趨向多元、活潑，而進入了為期九年的魏晉清談的黃金時代。

正始二年（二四一年）十八歲

【時事】

春二月，曹芳十歲，讀通《論語》，派太常以太牢祭孔子於辟雍，並以顏淵配享。

五月，司馬懿率兵打退吳將朱然圍樊城，可見他仍握有部份的軍權。

六月，征東將軍王淩為車騎將軍[54]。

在何晏、夏侯玄氣盛之時的前後，司馬懿的長子司馬師，加入了玄論派的集團，也許是時尚，也許是策略上的應用。《三國志》卷九〈曹爽傳〉附何晏注引《魏氏春秋》：

> 初，夏侯玄，何晏等名盛於時，司馬景王（師）亦預焉。晏嘗曰：「唯深也，故能通天下之志，夏侯泰初（玄）是也；唯幾也，故能成天下之務，司馬子元（師）是也；不疾而速，不行而至，吾聞其語，未見其人。」蓋欲以神況諸己也。（點校本，二九三頁）

傳嘏約在此時被司馬懿拉過去。《三國志》卷二十一〈傳嘏傳〉：

> （免官後，改派）起家拜滎陽太守，不行。太傅司馬宣王請爲從事中郎。（點校本，六二四頁）

正始三年（二四二年）十九歲

【時事】

魏以領軍將軍蔣濟為太尉[55]。大概此年或稍後，他徵辟阮籍。阮籍作〈詣蔣公奏記〉拒絕。

後不得已，出任尙書郎。《文選》卷四十〈阮嗣宗詣蔣公奏記〉注引臧榮緒《晉書》：

> 太尉蔣濟，聞籍有才儁，而辟之。籍詣都亭，奏記。濟恐籍不至，得記，欣然遣卒迎之，而籍已去。濟大怒。於是鄉親共喻之，籍乃就吏。後謝病歸，復爲尙書郎。[56]

正始四年（二四三年）二十歲

【時事】

清談風氣大盛，在河內、山陽竹林之遊逐漸形成。

嵇康與王戎相交於此時，王戎時十五歲，他在嵇康死（二六三）後惋惜的說：

> 與嵇康居二十年，未嘗見其喜慍之色。[57]

所謂居是指從頭到尾經常在山陽一起游息，而不是指一同生活起居。

這時三十五歲的阮籍與王戎的父親王渾皆為尚書郎，在官舍認識了少他二十歲的王戎。《世說新語．簡傲篇》注引《晉陽秋》：

> 戎年十五，隨父渾在郎舍，阮籍見而說焉。每適渾俄頃，輒在戎室久之。乃謂渾：「濬沖（戎字）清尚，非卿倫也！」戎嘗詣籍共飲，而劉昶在坐不與焉；昶無恨色。既而，戎問

籍曰：「彼爲誰也？」曰：「劉公榮也。」濬沖曰：「勝公榮故與酒，不如不可不與酒，唯公榮者，可不與酒。」

注又引〈竹林七賢論〉：

……籍長戎二十歲，相得如時輩。……

唐修《晉書》卷四十三〈王戎傳〉：

阮籍與渾爲友。戎年十五，隨渾在郎舍。戎少籍二十歲，而籍與之交。㊳

以上是經再三思索、考證的結果，因為問題出在王戎。唐修《晉書・王戎傳》稱他「永興二年薨于郟縣，時年七十二」。推算他生於二三四年，死於三〇五年，則在本年才十歲，如何清談？再考《晉書・阮籍傳》稱他「景元四年冬卒，時年五十四」。推算則生於二一〇年，死於二六三年，兩人差二十五歲。在所有資料中未有稱差二十五歲的。如果阮籍在四十歲二四九年時與十五歲的王戎相交，當時已是司馬懿當家，不是當尙書郎，他當尙書郎是在他辭去做一段蔣濟吏後再上任的，可能至多只一年多，又託病辭去。《晉書》本傳說：「復爲尙書郎，少時，又以病免。」這就在本年前後的事，不可能延到曹爽垮台。另外王戎與居二十年，雖未必是整數，但也正在這個時候。因此我懷疑王戎的死年大有問題了。

最大的證據是王戎七歲時，魏明帝曹叡還健在，甚至還找人問他的姓名。《世說新語・雅量篇》：

魏明帝於宣武場上，斷虎爪牙，縱百姓觀之。王戎七歲，亦往看，虎承間攀欄而吼，其聲震地，觀者無不辟易顛仆；戎湛然不動，了無恐色。

注引〈竹林七賢論〉：

明帝自閣上望見，使人問戎姓名，而異之。

曹叡死於二三九年初，如果王戎生於二三四年，是五或六歲，曹叡已死，七歲，是看不到曹叡的，因此有學者認為世說是小說家言不必信[59]。七歲這個數目大概不會錯。《世說新語》該條前又有一條說王戎懂得不摘路邊的李子，也是七歲。如果依前面考證把王戎移到二三〇生，則七歲時為青龍四年（二三六），多病的曹叡大概還有餘力和興致在閣上看老虎。

唐時修《晉書・王戎傳》的執筆史官，已經知出問題，自動把在本傳中把南北朝人所說的七歲，改作「年六、七歲」，事實以上一聯串的問題仍是不能解決的，唐修《晉書》之誤，可能是後代鈔寫奪誤，也可能是當時所依據的素材有錯，或不統一，今天所知的唯一可能產生此種現象的線索是《太平御覽》卷五七引臧榮緒《晉書》：

王戎少阮籍二十餘年。[60]

總之，《晉書》王戎的卒年要把「七十二」改為「七十七」。二誤為七是很容易的。如此，學術思想史上的竹林之游才能重新確定從二四三年開始。

在河內郡山縣的竹林中交游清談，前後加入的士人主要有七人，他們出身有的士族，有的較清寒，當時嵇康住河內，他似乎成了一個交游的核心。《太平御覽》四百七引《魏氏春秋》：

嵇康寓居河內，與之遊者，未嘗見其喜慍之色，與陳留阮籍、河內山濤、向秀、籍兄子咸、琅琊王戎、沛人劉伶，相與友善，遊於竹林，號曰「七賢」。

七人並非同時相識或同時游息的，可能阮籍與嵇康相識，阮籍與王戎的關係，再使嵇康與王戎相識，但七人中主要人物是阮籍、嵇康、山濤，山濤年最高，阮籍次之，嵇康又次之。《太平御覽》四百九引袁宏〈山濤別傳〉：

陳留阮籍、譙國嵇康，並高才遠識，少有悟其契者，濤初不識，一與相遇，便爲神交。

可能是本年以後陸續相識的。至於詳細情形，不得而知。主要活動在正始嘉平年間，至遲到正元，隨著司馬家的政治壓力與分化，七人集團就慢慢瓦解。到甘露（二五六——）後就只有少數的個別活動了。

山陽大族王業的次子王弼（二二六——二四九）未成年已極有名氣[61]，此時在洛陽上層社會參與清談及論著。《世說新語・文學第四》：

何晏爲吏部尚書，有位望，時談客盈坐，王弼弱冠，往見之。晏聞弼來，乃倒屣迎之；因條向者勝理語弼曰：「此理以爲理極，可得復難不？」弼便作難，一坐人便以爲屈。於是弼自爲客主數番，皆一坐所不及。

劉注引〈弼別傳〉：

弼，……少而察慧，十餘歲便好《老》《莊》。通辯能言，爲傅嘏所知。吏部尚書何晏甚奇之，題之曰：「後生可畏。若斯人者，可與言天人之際矣！」

約在本年他注《老子》。《三國志・鍾會傳》注引何劭〈王弼傳〉：「年十餘好老氏，通辯能言。」據《世說新語・文學篇》上面何晏美王弼的話，是指王注的《老子》。何晏也同時注《老子》，及看到王注比自己好，乃改叫《道德二論》。

【生活】

嵇康成年，可能住在山陽縣。《三國志》卷二十一〈王粲傳〉注引其兄嵇喜的〈嵇康傳〉：

家世儒學，少有儁才，曠邁不群，高亮任性，不修名譽，寬簡有大量，學不師授，博洽多聞，長而好老、莊之業，恬靜無欲。……

所說如果從「少」到「長」之間的文字，就是說這一段成長期的個性、品質，那麼他從「長」

到「死」，二十年間，幾乎無不如此。則他的個性從少年就定型了。還有從「家世儒學」到「長而好老莊」是思想的變化，長而好，應是未長時並不好，可是描寫的這個性是老莊化的，而不是儒家化的。大概嵇喜的敍述是籠統的，先世大概是儒學沒有錯，約十歲左右時，自由而浪漫的道家思想已彌漫士族社會，荀粲這個人物其實也是「曠邁不群，高亮任性，不修名譽」的，這樣就影響他成長期的性格，長大成年了才眞正喜愛而研究老莊。不過老莊只是他此後一生的表皮，剝開表皮，就會冒出熾熱的傳統思想的火燄。

嵇康長得很高大，七尺八寸，依魏國杜夔的律尺（《隋書》十五等尺之五）當時一尺，合〇・二四一八五公尺[62]，則嵇康高一八八・六四三公分，不過我們翻《後漢書》、《三國志》、《晉書》或中古的一些佚文史料，常可以在傳記中看到當時人物身高的尺寸，而且絕大多數都很高。茲將與嵇康時代前後相差不遠的一些人的身高分列於左：

郭太	八尺	一九三・五公分
趙壹	九尺	二一七・七公分
盧植	八尺二寸	一九八・三公分
管寧	八尺	一九三・五公分
劉備	七尺五寸	一八一・四公分
諸葛亮	八尺	一九三・五公分
許褚	八尺	一九三・五公分
程昱	八尺三寸	二〇〇・七公分
劉伶	六尺	一四五・一公分

趙至　　七尺四寸　　一七九・〇公分

比之於嵇康，似乎嵇康只有中等身材63而已，其實這些史料所記載的，都是當時被特別注意的尺碼，不是特高，就是特矮，要不然就是特胖，如《後漢書・趙壹傳》說趙壹「體貌魁梧，身長九尺」，《世說新語・容止篇》稱「庾子嵩（敳）長不滿七尺。腰帶十圍，頹然自放」，知趙壹是大個子，庾敳是大胖子，所以上列人物除矮個子劉伶外，都是高個兒，當時男子平均身高，宜如世說新語所謂的七尺（一六九公分），凡史傳沒有寫尺寸的人，似乎都屬這個高度左右，當然華北人是要比江南人要高些的。

當時人重視人的高度，與社會風尚有關，從漢末到魏晉，士族逐漸突破傳統禮制中階級嚴明而刻板的禮儀和服飾，而傾向自由化、浪漫化、神仙化、個性化的生活方式，以反彈政治、思想的壓力。在評騭人物才性的具體話題，便從容貌體態，衣服裝飾進入語言舉止，風度氣質。正始清談在位的士人，雖大談老莊無為，生活上却極其奢侈，前有何晏、鄧颺；後有山濤、王戎。《三國志・曹爽傳》稱：「晏等專政，共分割洛陽、野王典農部桑田數百頃，及壞湯沐地以爲產業，……爽飲食車服，擬於乘輿，尚方珍玩，充牣其家，妻妾盈後庭……數與晏等會其中，飲酒作樂。」此雖司馬家故意挑出，但也是事實。何晏風姿漂亮，臉上還化粧擦白粉，是標準的紈絝的貴族。相對的，另有一批在思想上反對權勢、浮華，而游離在江湖的士人，生活簡樸，甚至有時還要勞動生產，自食其力，這就是以嵇康、呂安為代表。

嵇康高大挺拔，有「龍章鳳姿」的外在美，更有「天質自然」的內在美。《世說新語・容止篇》：

嵇康身長七尺八寸，風姿特秀。見者嘆曰：「蕭蕭肅肅，爽朗清擧。」或云：「肅肅如松下風，高而徐引。」山公曰：「嵇叔夜之爲人也，巖巖若孤松之獨立，其醉也，傀俄若玉山之將崩。」

注引康〈別傳〉：「如孤松，如玉山。」可見其高大。

康長七尺八寸，偉容色，木土形骸，不加飾厲，而龍章鳳姿，天質自然，正爾在群形之中，便自知非常之器。（又《文選・顏延年五君詠》注、《初學記》十九並引。）

嵇康字叔夜，早孤，有奇才，遠邁不群。身長七尺八寸，美詞氣，有風儀，而土木形骸，不自藻飾，人以爲龍章鳳姿，天質自然，恬靜寡慾，含垢匿瑕，寬簡有大量。學不師受，博覽無不該通。（《北堂書鈔》五十六引不知名某《晉書》）

最後所說「土木形骸，不自藻飾」，「恬靜寡慾，含垢匿瑕」，正是嵇康在思想、行為上的具體形象。儘管他與何晏同是才性名理中的異、離派，但在現實的人生上，他們是相對的兩個磁極。

正始五年（二四四年）二十一歲

【時事】

二月，魏大將軍曹爽為鞏固政權，樹立威望，不理司馬懿反對，乃與夏侯玄率軍六、七萬攻打蜀漢。被困在駱谷，五月無功退兵[64]。

河內士族山濤（二〇五　二八三）四十歲，為郡主簿[65]。

鍾會二十歲，精練名理；王弼，十九歲，好論儒、道。兩人與何晏交遊。對做官都感興趣。尤其鍾會機智乖巧，曲從何晏，本年他已任秘書郎[66]。一直到高平陵之變前，始終為曹爽、何晏所信任（見二四九年）。王弼才華橫溢，銳氣較盛，後來因缺乏政治手腕，不能如鍾會做好公共關係，以致不討曹爽喜歡，終生補不上黃門侍郎[69]。這時清談漸趨高潮。

《三國志》卷二十八〈鍾會傳〉注引何劭〈王弼傳〉：

正始中，黃門侍郎累缺，晏既用賈充、裴秀、朱整，又議用弼。時丁謐與晏爭衡，致高邑王黎於曹爽，爽用黎。於是以弼補臺郎。初除，覲爽，請閒，爽爲屏左右，而弼與論道，移時無所他及，爽以此嗤之。時爽專朝政，黨與共相進用，弼通儁不治名高。尋黎無幾時病亡，爽用王沈代黎，弼遂不得在門下，晏爲之歎恨。弼在臺既淺，事功亦雅非所長，益不留意焉。淮南人劉陶善論縱橫，爲當時所推。每與弼語，常屈弼。弼天才卓出，當其所得，莫能奪也。性和理，樂遊宴，解音律，善投壺。其論道傅會文辭，不如何晏，自然有所拔得多晏也。頗以所長笑人，故時爲士君子所疾。弼與鍾會善，會論議以校練爲家，然每服弼之高致。何晏以爲聖人無喜怒哀樂，其論甚精，鍾會等述之。弼與不同，以爲聖人茂於人者神明也，同於人者五情也，神明茂故能體沖和以通無，五情同故不能無哀樂以應物，然則聖人之情，應物而無累於物者也。今以其無累，便謂不復應物。失之多矣。弼注易，潁川人荀融難弼大衍義。……

何晏、王弼都以無為萬物之本。何晏有〈聖人無喜怒哀樂論〉，已經無存，他的〈無為論〉：「無也者，開物成務，無往不存者也，陰陽恃以化生，萬物恃以成形。賢者恃之以成德，不肖恃以免身。故無之為用，無爵而貴矣。」[68]則知聖人是「無」的神格化，是超經驗界的。王弼則進一步把聖人與社會溝通起來，落實到經驗。濃厚的有自然與名教結合的傾向，應該比較接近鍾會的名理，可是鍾會却向何晏認同。何晏可能在此時或稍前有與他人討論音樂的文集……《樂懸》[69]，因爲他的生命已經無多了。

阮籍或在此時作〈樂論〉，這篇文章承儒家傳統思想，與二三九年劉劭作〈樂論〉的動機基本上相同。唯一不同的，他以為聖人所作的音樂是依自然而產生的，摻入了道家的一些觀念。〈樂論〉：

> 聖人之作樂也，將以順天地之性……乾坤易簡，故雅樂不煩，……風俗移易，而同於是樂。比自然之道，樂之所始也。

曹魏自曹操以下多喜愛音樂，正始曹爽何晏以樂為樂，而引起關於音樂功能的辯論，阮籍以正統觀極力主張正（雅）樂，反對美麗複雜的「淫聲」與後來〈大人先生傳〉的反禮教迥異，所以是早年的作品[70]。後來夏侯玄作〈辨樂論〉[71]反駁，惟今只餘佚文。嵇康接著作〈聲無哀樂論〉，見二四六年。

【生活】

兄嵇喜之子嵇蕃出生。

介乎朋友與門徒的趙至出生[72]。

正始六年（二四五年）二十二歲

【時事】

清談、學術活動頻仍。

魏刻立篆、蝌蚪、隸書三體的「三字石經」。《晉書》卷三十六〈衛恒傳〉：「〈四體書勢〉：『……至正始中，立三字石經，轉失（邯鄲）淳法，因科斗（蝌蚪文）之名，遂效其形。』」[73]

劉汝霖以爲在本年：

按魏石經爲何人所書，本不可考。……衛覬則年代不相及……卒於太和三年，去正始已十年矣。嵇康在太學寫石經，甘露二年，去正始爲時九年。……蓋康寫石經，乃摹寫之謂，非寫碑而刻字也。又按是年劉馥請整頓太學，朝廷又立王朗《易傳》，學術界頗呈活躍之氣，其立石經，當在此時。[74]

所說甚是。嵇康當時並沒有作官，或任職太學，石經自不可能為嵇氏所寫。

何晏上《論語集解》。《論語集解・序》說：「……今集諸家之善，記其姓名，有不安者，頗為改易，名曰《論語集解》，……散騎常侍中領軍安鄉亭侯臣曹羲……關內侯臣何晏等上。」清劉寶楠《論語正義》因之稱：「曹羲之官中領軍，必在（正始）三年秋後矣。」劉汝霖則列入本年[75]。

正始七年（二四六年）二十三歲

【時事】

幽州刺史毋丘儉討高句驪，平定數十個部落國[76]。

【生活】

嵇喜〈嵇康傳〉說：

> 善屬文論，彈琴詠詩，自足於懷抱之中。[77]

他在〈琴賦〉中說「余少好音聲，長而翫之」，從小喜愛音樂，長大開始學樂器，最喜愛古琴。古琴有七絃，在南京出土東晉墓牆磚中的嵇康，便撫古琴而彈[78]。

【作品】

〈聲無哀樂論〉

本篇作於本年前後，其理由有三：

一、從東漢到曹魏時代，民歌勃發，三曹、七子，無不受到民歌的洗禮，傳統廟堂的雅樂枯萎。曹叡以後，宮廷豪族漸漸淫侈，融入胡樂而旋律悠美、音色華麗的俗樂大行其道，這對「惡鄭聲之亂雅樂」（《論語・陽貨》）及「五音令人耳聾」（《老子》十二章）的儒、道之士必然有相當的反應。所以三三九年劉劭作〈樂論〉以移風俗，正始時，雅俗樂並轡而馳，大概對音樂有所論辯，何晏才有《樂懸》之作。阮籍站在儒家的觀點以為「歌謠者詠先王之德，……入于心，淪于氣，心氣和洽，則風俗齊一。……正樂者，所以屏淫聲（俗樂）……尊卑有分，上下有等，謂之禮。人安其生，情意無哀，謂之樂」。尤其強調音樂的樂就是快樂的樂：「樂者，使人之精神平和，衰氣不入，天地交泰，遠物來集，故謂之樂。」[79]後來夏侯玄作〈辨樂論〉駁斥阮籍所謂「天下無樂而欲陰陽和調，災害不生亦以難矣」的神秘主義觀點[80]。嵇康也反對音樂本身可以移易風俗，或有哀、樂的作用，因此作文加入辯論[81]。

二、何晏有〈聖人無喜怒哀樂論〉，王弼加以修正以為聖人尚有五情，五情受制於神明所以雖有哀樂而不累於外物。

由於以上兩者的社會思潮在正始時湧現，而嵇康因此作〈聲無哀樂論〉。

三、這篇文章沒有用老莊的詞彙、道家的自然立場來申辯，其實完全可以只用《莊子・齊物論》的「天籟者，吹萬不同，而使其自己也」，「道未始有封……」以道來泯滅畛域的方法來解決就可以，但嵇康採取了漢人一問一答的辭賦或政論文的形式，再以名學，即邏輯的技巧來反駁對方，筆調暢順，冷靜，沒有情緒化的作用，與晚期有老莊、仙道、激動、寂寥化的傾向不同，可信為是早期，正始時的作品。這不僅是中國一篇美學、音樂理論的重要文獻，也是重要的邏輯史料。

本文可以看到他早年就受到才性名理的系統觀念的訓練，他像漢賦一樣杜撰秦客問東野主人，秦客主聲音（包括音樂）有哀樂，主人即嵇康主聲無哀樂，共八問八答。

他以為：

> 聲音自當以善惡，則無關於哀樂，哀樂自以情感，則無係於聲音。

即聲音只有好與壞（如音色、音量的相對）的客觀存在，這種好、壞與人的哀、樂無關，人的哀樂是受內在情感的影響，而不受外界聲音的左右。如心情快樂的人，故意發出悲痛歎息的聲音，則外表是不能隱藏內心眞正的情感。即所謂「情歡者，雖拊膺咨嗟，猶不能御外形以自匿」。並以駁斥一些如「羊舌母聽聞兒啼而審其喪」的心與聲交感的迷信思想。進而稱「樂（ㄩㄝˋ）之為體，以心為主（二句出《禮記・孔子閒居》）。故無聲之樂（ㄩㄝˋ），民之父母也；至八音會諧，人之所悅，亦總謂之樂，然風俗移易，不在此也」。就是說，音樂是以內心的哀樂來決定的，用無聲音的身教來治民[82]，才是人民的父母官，也算是音樂，而用八種樂器合奏，人民內心能喜歡它，也叫音樂，所以移風俗，不在於音樂的。

這完全否定了音樂作爲政治工具的功能，但却也一併否定情感與聲音的關係；「心不係於所言，言或不足以證心。」「琴瑟之淸濁，不在操者之工拙……器不假妙瞽而良，籥不因慧心而調，然則心之與聲，明為二物，二物誠然，則求情者不留觀于形貌，揆心者不假聽于聲音也，察者欲因聲以知心，不亦外乎？」這樣就造成思想樞鈕與器官的分裂作用，與孟子把口、目、耳、鼻，與心加以分離而並列[83]，都是純粹的二元論（Dualism）

其實這種二元的形成，是對兩者之間沒有認識到媒體的存在，器官接受外物的刺激是很機械的。音波傳送進入耳膜，把可以感受到的頻率範圍的振動傳遞到大腦聽覺中樞，使發生具體的感受，音波強弱快慢在靈長目都有敏銳的反應，原始人類在祈神或勞動中有韻律有節奏的動作及聲音，就會由他人或自己投射在自己心中。

美國現代音樂理論家說：

音樂的兩個根源——動作與聲音。……節奏卽意指帶有聲調或姿勢的動作，表現在聲調中的節奏卽音樂；表現在姿勢中的節奏則成爲舞蹈，我們之所以喜歡舞蹈曲或進行曲就是因爲受到節奏的影響；節奏使我們不由自已的和著音樂的拍子搖擺著四肢和頭部。野蠻人也強烈的喜愛節奏，他們的音樂就是由此而生。[84]

這種自發節奏感，就是《禮記・樂記》所說：「歌之為言也，長言之也。說之，故言之；言之不足，故長言之；長言之不足，故嗟歎之；嗟歎之不足，故不知手之舞之，足之蹈之。」這樣忘我的境界不外乎是移情的作用，而使心中也產生了與音樂節奏一樣的節奏感[85]。

如此，嵇康也就否定了藝術上所有的美感經驗，他在〈琴賦序〉中說琴「可以導養神氣，宣和情志」，純是道家的養生觀與儒家的道德觀滙成的功利思想，他下面接著說「處窮獨而不悶，莫近於音聲」，不得不承認音樂的美感，與快感了。

還有嵇康是中古最擅長演繹推理的，在一系列的論辯文章普遍的應用到思想法則的三個定律：卽同一律、矛盾律、排中律。

以〈聲無哀樂論〉為例：

主人答：「（引秦客的話）」。又曰：「季子聽聲，以知衆國之風；師襄奉操，而仲尼覿文王之容。」案如所云，此爲文王之功德，與風俗之盛衰，皆可象之於聲音。聲之輕重，可移於後世；襄涓之巧，能得之於將來。若然者，三皇五帝，可不絕於今日，何獨數事哉？若此果也，則文王之操有常度，韶武之音有定數，不可雜以他變操以餘聲也。則向所謂聲音之無常，鍾子之觸類，其果然邪？則仲尼之識微，季札之善聽，固亦誣矣。

首先秦客以爲聽音樂可以推知衆國之風，可以看到文王之容。這本身就是一個不中效（Invalid）的論證。嵇康（主人）首先用「以偏蓋全的謬誤」攻擊對方，如果聲音可以把功德傳到後世，為何只傳這幾件事？最後用排中律（Principle of Excluaed Middle），文王、韶武之音有常度定數，但前又說聲音無常，則仲尼之識微，季札之善聽就不能成立。這實在是徒逞其才華的詭辯。

〈琴賦幷序〉

本篇可能作於本年：

余少好音聲，長而翫之。以爲物有盛衰，而此無變，滋味有猒，而此不勸，可以導養神氣，宣和情志，處窮獨而不悶者，莫近於音聲也。是故復之而不足，則吟詠以肆志；吟詠之不足，則寄言以廣意，然八音之器，歷世才士，並爲之賦頌，其體制風流，莫不相襲，稱其材幹；則以危苦爲上；賦其聲音，則以悲哀爲主，美其感化，則以垂涕為貴，麗則麗矣，然未盡其理也。推其所由，似元不解音聲，覽其旨趣，亦未達禮樂之情也。衆器之中，琴德最優，故綴敘所懷，以爲之賦。[86]

的確，音樂給予古今寂寥者、避世者，一個豐富而絢麗的動態世界。一把七絃琴，使嵇康淨化而昇華，陪他到生命之燭，燃燒殆盡，彷彿我們看到羽化的古琴，竟是永恒閃爍在天空的天琴星[87]，基本的理論與〈聲無哀樂論〉並無矛盾。他批評世人以高木製琴，以悲哀彈琴是錯誤，與阮籍樂論主以快樂為樂近似，但嵇康這裏並沒有肯定快樂的作用。

這篇詠物——樂器——的辭賦為嵇康賦的代表作，是王褒〈洞簫賦〉、馬融〈長笛賦〉（都見《文選》）的更進一步發展。敍述生長琴木的秀麗山川，工匠製琴雕飾、乃至成琴後而奏曲，再改韻為調，携友遨嬉。文字豔麗誇張，用典繁腴，同時有《周詩》與《楚辭》的形式，四、六言雜陳，變化詭異。是建安王粲、曹植到西晉兩潘、二陸之間最突出的作品。

在描繪音樂有層次感的效果：

輕行浮彈，明嫿瞭慧，疾而不速，留而不

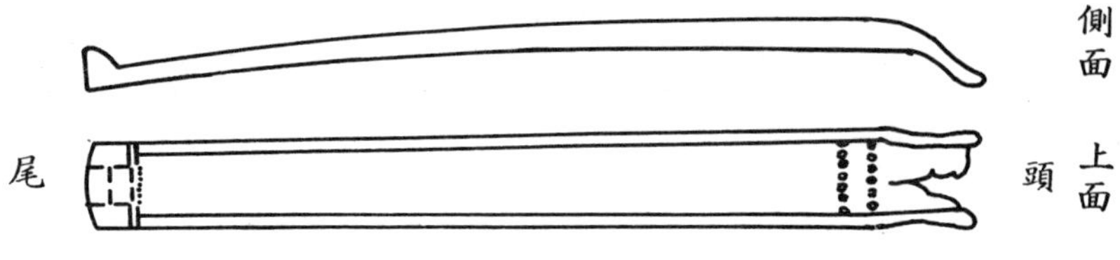

戰國初古琴（江西貴溪崖墓）

（長166公分，頭寬17.5公分，尾寬15.5公分）

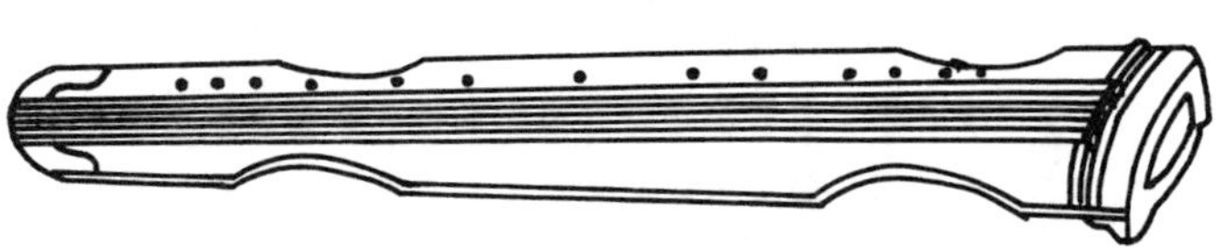

七絃古琴（引自中西音樂辭典）

滯，翩緜飄邈，微音迅逝，遠而聽之，若鸞鳳和鳴戲雲中，迫而察之，若衆葩敷榮曜春風，既豐贍以多姿，又善始而令終，嗟姣妙以弘麗，何變態之無窮。

在措詞方面，他善於變化轉新語，如「若乃」、「爾乃」、「於是」、「爰有」、「是故」、「是以」……以及直敍句、疑問句相交使用，用韻繁多而不刻板。下開左思、江淹的先河，所以嵇康在辭賦史上的地位應予重估。

正始八年（二四七年）二十四歲

【時事】

曹爽權力到頂峰，與司馬懿嫌隙加大，五月司馬懿假託生病，不與政事，暗中在佈置，並先製造「何、鄧、丁，亂京城」的謠言[88]。

曹爽召阮籍為參軍，阮籍以生病推辭，隱居鄉里。《晉書》卷四十九〈阮籍傳〉：「歲餘而爽誅，時人服其遠識。」阮籍時已卅九歲，在正始政風稍靜之時，他始終不為曹爽所用[89]。

鍾會在曹爽下升為尚書郎，年廿三。他母親拉他的手說：「汝弱冠見敍，人情不能不自足，則損在其中矣，勉思其戒。」[90]

山濤舉孝廉，為河南從事（《世說新語》誤作河內，因本郡官不用本郡人）。與阮籍一樣，他看出司馬懿託病不出的嚴重性而辭職[91]。

正始九年（二四八年）二十五歲

【時事】

魏以光祿大夫徐邈為司空，固辭不受，改由車騎將軍王淩出任92。

王弼本年由何晏推薦補為尙書郎。起先何晏推薦賈充、裴秀、朱整為黃門侍郎，後來出一個缺，何晏又推薦王弼，但丁謐也推薦王黎，曹爽為平衡關係用王黎，只好把王弼改降任尙書郎，但王弼還是幹，曹爽接見他，只能談道，不能談政治，曹爽譏笑他，不久王黎病死，曹爽改用王沈，仍不用他，他只好不得意的走路了93。

冬天，河南尹李勝改任荊州刺史，曹爽授意他去辭別司馬懿，以便刺探機密，老奸巨滑的司馬懿故裝老邁昏顚，李勝信以為眞，回來告曹爽說：「太傅患不可復濟，令人愴然。」這樣，曹爽一千人就成了甕中之鼈了94。

【生活】

嵇康可能在本年娶宗室沛穆王曹林的孫女長樂亭主曹小姐，因與宗室亭主成親，所以補個小郎中，再升為不管事的中散大夫。

《世說新語・德行篇》注引〈文章敍錄〉：

康以魏長樂亭主壻，遷郎中，拜中散大夫。

這樣就與曹家、何晏有了姻親關係。嵇康為何在曹爽、何晏要敗亡的前夕與曹家支族成親，恐怕是雙方家庭世誼的原因，不是他個人所能抉擇。

他的品質正如嵇喜為他所寫傳記所說「恬靜無欲」，否則比他年輕的王弼、鍾會……都擠上去了，憑他的家世，與曹家的淵源、個人的學問、儀表、言談，早就進入何晏當權派的核心，而不必等到與曹林攀親[95]。

嘉平元年（二四九年）二十六歲

【時事】

高平陵政變，改元嘉平。

正月甲午日，少帝曹芳車駕由曹爽、曹羲兄弟陪同出洛陽城南，到高平陵祭明帝曹叡。司馬懿即按鈕起動政變，關閉洛陽城，勒兵迫脅曹爽，曹爽本身尙有兵數千，得與曹芳逃至許昌重整旗鼓，但司馬懿哄他，交出政權「免官而已」就沒事。並指洛水為誓，曹爽還眞以爲「得以侯還第，不失爲富家翁。」繳械後，不是回家第，而是全進了監牢，同時搜捕城內曹系黨徒。據《三國志》注引〈魏氏春秋〉說：司馬懿叫何晏參與抓人（利用他的熟悉內幕，又有欺騙性），他竟賣力的幹，以求免罪，結果司馬懿要他抓八家族，他數起來只有曹爽（及弟羲、訓之族）、丁謐、鄧颺、畢軌、李勝、桓範、張當七族，他急了問：「難道還有我嗎？」司馬懿說：「是也。」這個姓何家族，只好由仲達先生親自動手。（由此可見何晏人品之一斑。）再宣判八族叛國，皆夷三族。八族，每族的父、母、妻三族的所有男女老幼，以及嫁別姓的姑姑姐妹女兒統統用割癌法給砍頭，這是為「高平陵之變」[96]。淸談的玄論派當權者全被消滅，正始之音終告結束，曹魏從此邁向死亡之途。

太常、會造僞書的學者王肅即主持典禮「代」曹芳封司馬懿為丞相[97]。

鍾會二十五歲為中書郎，也隨曹爽到高平陵，事件前後發展，他應是個目擊者。《三國志》

卷二十八〈鍾會傳〉注引〈鍾母傳〉：

嘉平元年，車駕高平陵，會為中書郎，從行，相國宣文侯始舉兵，衆人恐懼，而夫人（鍾母）自若，中書令劉放，侍郎衛瓘、夏侯和等家皆怪問：「夫人一子在危難之中，何能無憂？」答曰：「大將軍（曹爽）奢僭無度，吾常疑其不安。太傅（司馬懿）義不危國，必為大將軍舉耳。吾兒在帝側，何憂？聞且出兵無他重器，其勢必不久戰。」果如其言，一時稱明，會歷機密十餘年，頗豫政謀。……[98]

鍾母的立場、消息，足以使人懷疑當時表面是屬曹爽的鍾會，葫蘆是裝什麼藥。參見二五三年。

秋天王弼病亡。幹了幾個月的尚書郎，青天霹靂，被免官了，眼看何晏這些朋友的遇害，最後終於不堪傳染病而去世，年僅廿四[99]。

阮籍作〈鳩賦〉：

嘉平中得兩鳩子，常食以黍稷，後卒爲狗所殺，故作賦[100]。

不久司馬懿任他為從事中郎，是他手下的高級部屬[101]。

【生活】

嵇康沒有見過建安時代的大屠殺，懂事以後的青龍、景初，一直到正始，又是曹魏的比較淸平的時代，雖能從歷史、現實去了解政治的黑暗、陰險，畢竟還不如這次殘酷的政變所帶來空前的震撼。

這次政變，他沒有事，他不攀曹爽與玄論家何晏，甚至與王弼也沒有來往，與曹家的姻親時間很短，關係很遠，他不是尙公主，妻子亭主只是曹操遠支女子的尊號，何況妻子之祖父（不排除爲父親的一些可能）曹林都可善終於毋丘儉事件（二五五）之後（二五六）。以後他被殺，與妻族沒有重大關係。

大批搞政治的讀書人被摧殘了，剩下的讀書人更怕政治，照說竹林之游更盛。但司馬懿父子對這些有知識有是非的士人是不放心，必然一方面進行拉攏、分化。一方面進行恫嚇，製造恐怖。因此竹林士人出處有了變化，在曹爽時可以常託病不出的阮籍，終於被拉在司馬家左右的位置上。

長女出生[102]。

兄嵇喜年約三十，本為秀才，可能此時應司馬家的徵召，出任軍職[103]。

【作品】

〈兄秀才公穆入軍贈詩〉

戴明揚《校注》本存有十九首，除第一首五言外，概為四言。內容並都不是贈兄入軍之作，大抵第七首以前，即〈雙鸞匿景曜〉〈鴛鴦于飛〉〈鴛鴦于飛〉（有二首）〈泳彼長川〉〈泳彼長川〉（有二首）〈穆穆惠風〉〈所親安在〉，比較近似。最符合詩旨與兄弟的親誼的，嚴格說只有第一首〈雙鸞〉（戴書四頁，下同）。這一首舊本（明代吳寬叢書堂鈔本）作「五言古風」，因此魯迅《嵇康集校本》從之，以「贈兄詩」只有四言十八首。但他批說：「各本皆為贈公穆詩，《藝文類聚》九十引前六句亦云：『嵇叔夜贈秀才詩也。』」

詩說「雙鸞」優游的在自然的山野中，「抗首嗽朝露，晞陽振羽儀，長鳴戲雲中，時下息蘭池，自謂絕塵埃，始終永不虧」。不料「世多艱」，管山澤捉禽獸的虞人，佈下羅網，一隻被捕，使得「徘徊戀儔侶，慷慨高山陂」。這樣用以來讚賞兄弟樸實、自由的友愛生活，及哀傷哥哥被政治所網羅。然後憂慮鸞被捉去後沒有利用價值時的下場：「鳥盡良弓藏，謀極身心危。」而警告嵇喜，還說吉凶雖有自己決定的因素，但客觀的條件，會使身不由己的，即「吉凶雖在己，世路多嶮巇」，是對當時政局凶險的暗示，最後他盼望他再飛回山野的懷抱，鸞鳥的老家，以「逍遙遊太清，携手長相隨」。

全詩二十八句，偶句押韻，一韻到底。鍾嶸《詩品》說：「叔夜〈雙鸞〉，五言之警策者也。」是不差的，他善用高貴的鸞鳳以喻君子，以喻無辜的弱者。〈答二郭詩〉第三首稱：「鸞鳳避尉羅，遠託崑崙墟。」怪不得呂安寫在「鳳」字在嵇喜門上，嵇喜高興一番[104]。

其他六首一組多是仿詩經的形式，甚至用集句，如：

鴛鴦于飛（詩鴛鴦），肅肅其羽（詩鴻雁）。（二首，六頁）
陟彼高岡（詩卷耳），言刈其楚（詩漢廣）。（四首，七頁）
言念君子（詩小戎），不遐有害（詩泉水）。（七首，八頁）

少數也吸收楚辭漢賦之詞藻，但並沒有老莊的語彙，及道家的思想，只反映同居的情趣，與相思的意念，是嵇康早期作品。比較好的如：

> 穆穆惠風，扇彼輕塵，奕奕素波，轉此遊鱗，伊我之勞，有懷佳人，寤言永思，實鍾所親。

四言詩自兩周以後，因不能滿足社會與語言的發展，漸趨式微，兩漢到魏晉已是五言的天下，只有才思活潑、技巧精練之士，才敢去碰。如仲長統、曹操，尤其是阿瞞節奏輕快豪邁，氣象萬千而又慷慨悲涼。嵇康是繼曹操以後第一個致力四言的詩人，氣勢，自然不如橫槊賦詩的英雄，且他在這裏一味模擬，以致內涵與個性皆嫌不足。不過他的四言最美的代表作還在下面，見二五三等年。

嵇喜也有答弟嵇康的詩，三首五言，一首四言，附在《嵇康集》中。思想全與嵇康不同。第一首〈華堂臨浚沼〉，是說生活方式要有變化，既可以「李叟寄周朝（老聃任官於周）」，又可以「莊生遊漆園」。二首〈君子體變通〉，以為「達者鑒通塞」，好像現在社會已通明，可以出來做官了。三首〈達人與物化〉，還是認為「都邑可優游，何必棲山原」。總之，是為自己貪圖功名，尋找理論。第四首文體與內容乖異，不是嵇喜答康之作。

嘉平二年（二五〇年）二十七歲

【時事】

太尉王淩在淮南計畫立楚王曹彪在許昌成立一個中央政府。

王淩是曹爽的人，兒子王廣是玄論的離派，思想上與司馬對立，但當高平陵之變時，他是司空，並沒有和其他曹爽的人物如毋丘儉、夏侯玄、諸葛誕聯合抵抗司馬懿，各持觀望、騎牆。不久他被升為太尉，假節鉞，自知要有被奪兵權的危險，又看到曹芳是司馬懿的傀儡，洛陽已無制衡司馬家的力量，乃與外甥令狐愚（本年死）安排在許昌扶以前幾為曹丕毒死的白馬王曹彪（曹操子）——後改封楚王——為帝，並流傳「白馬素羈西南馳，其誰乘者朱虎（彪小字朱虎）騎」的讖言❿❺。

嘉平三年（二五一年）二十八歲

【時事】

四月，王淩計畫還未開始執行即被人密告。司馬懿親率大軍伐淩，淩措手不及，迎降，被俘，經賈逵廟時，呼叫：「賈梁道！王淩是大魏之忠臣，惟爾有神知之。」後即自殺。眞是悲壯！司馬懿又是對所有關係人，包括思想家王廣，行「夷三族」的割癌法，「賜死」曹彪。從此對曹氏諸王、宗室更不放心，乃下令把他們集中到曹魏故都之一的鄴，成立集中營，派專人監視看管❿❻。

六月，七十三歲的司馬懿夢賈逵、王淩作祟。八月，病亡，沾著滿身的血腥，埋入了可愛而無辜的泥土中❿❼。

【生活】

嵇康仍住河內山陽。

河內郡山陽鎮，在今河南省黃河以北的修武縣之西（參見地圖）。河內是指河南省黃河以北的一大塊地方，山陽在太行山南麓，也是其支脈蘇門山（或白鹿山）的山下，因在山南朝陽處而稱山陽。這山邊可能有竹林，或竹叢，至少有樹林，嵇康的家在這附近，嵇康去世後，向秀應舉歸來，曾「經其舊廬」（《文選·思舊賦》）[108]近人陳寅恪以其地非眞有竹林。他說：

> 其名七賢，本論語賢者避世，作者七人之義。乃東漢以來，名士標榜事數之名如三君、八廚、八及之類。後因僧徒格義之風，始比附中西，而成此名，所謂「竹林」，蓋取於內典(Lenurena)，非其地眞有此竹林，而七賢遊其下也。《水經注》引古蹟，乃後人附會之說，不足信。[109]

頗有新解。惟東漢名士的集團，如三君、八俊八顧、八及八廚（後漢書黨錮傳）與魏時名士四聰、八達（《三國志·諸葛誕傳》注引《世語》），都當這些人活著時的稱號。竹林七賢恐怕在正始前後已有此名（以下詳論）。魏時士人尚未信佛（見二五七年〈難宅無吉凶攝生論〉），故此說還有問題。

《水經注》引的是晉人郭緣生的資料，並不很晚。葉昌熾有輯本，收在《毄淡廬稿》中。酈道元《水經》「淸水」注：

> 又逕七賢祠東，左右筠篁列植，冬夏不變貞萋，……向子期所謂山陽舊居也。……郭緣生〈述征記〉：「白鹿山東南二十五里，有嵇公故居，以居時有遺竹焉。」

《藝文類聚》六十四引郭緣生〈述征記〉：

山陽縣城東北二十里，魏中散大夫嵇康園宅，今悉為田墟，而父老猶謂嵇公竹林地，以時有遺竹也。

中國竹子到處都有，即使不成林，有竹子的樹林總很多，名士在林下飲酒彈琴，清談游息是很平常的，山陽在北緯三十七度，大陸性氣候冬天常溫多在攝氏零度以下，十度以下時期達五個月左右，則主要戶外活動必以夏天為主，當地夏天氣溫可達三十度左右，所以自會在樹林下活動，在南京出土的七賢磚畫，七人都是坐在柳、槐、竹、銀杏四種樹木之下。（見附圖）

史料上未見嵇康以外的六人在山陽有家，山濤是河內懷人，自不住山陽，且嘉平四年以後又多在洛陽做官。所以有家庭在山陽的只有嵇康，他又始終不做官，最遠到襄城看王戎。《世說新語·德性篇》注引〈嵇康別傳〉：

王濬沖（王戎）在襄城，面數百，未嘗見其疾聲朱顏。

或到東平去看呂安。《世說新語·簡傲篇》：

安與嵇康相友，每一相思，千里命駕。

後來或到洛陽抄石經，研究經學、書畫，或到汲郡天門山師事孫登，一度拒絕做官，躲到河東，除此之外，數十年，都在山陽，山陽是他母親、妻子、女兒、兒子的家，他熱愛這塊山林，所有名士來游，他就是主人。

河內是怎樣的一個地方呢？那是曹魏的重地，尤其是鄴，鄴在山陽東北，約一百多公里，臨漳河岸，今河北省臨漳縣西南二十公里（參見地圖），是曹操平定中原，於建安十八年（二一三年）晉號魏公後的都城，中央政府的所在，也是士族名士活動（如七子）的中心，所以這一帶都是曹家宗室，近臣的封地，曹操死（二二五）在洛陽，却埋在高陵。《三國志》卷一〈武帝紀〉集解引：

> 胡三省曰：「高陵在鄴城西，……」趙一清曰：「元和郡縣志：魏武西陵在鄴縣西三十里。」

鄴遂成曹家的聖地。後來曹丕廢漢獻帝劉協為山陽公，就是在河內郡，大概以便監視劉協的活動[110]。

這地方也就是嵇康住的地方。王淩事件以後司馬家為方便控制，乾脆把外地曹氏諸王都集中到鄴管理，後來齊王曹芳被廢，也被抓到這裏軟禁。《三國志》卷四〈三少帝紀〉：「使者持節送衛，營齊王宮於河內重門。」盧弼《集解》引趙一清曰：

> 《水經》〈清水〉注：「重門城，昔齊王芳爲司馬師廢之，宮于此，……城在共縣故城西北二十里。」《方輿紀要》卷四十九：「城在河南輝縣北二十里。」潘眉曰：「重門，地名。」[111]

重門，在輝縣西北二十里，與山陽約五十公里[112]。從這些資料看來，河內眞是一個政治敏感地方，在正始之前，司馬家還不敢那麼公然放肆，但嵇康與名士竹林之遊，恐怕還是逃不過他們的耳目。到嘉平後他們舉手投足，一言半語必然被作成安全記錄。

《晉書》卷二〈景帝紀〉：

> 宣帝（懿）之將誅曹爽，深謀秘策，獨與帝（師）潛畫，文帝（昭）弗之知也，將發夕乃告之。既而使人覘之，帝（師）寢如常，而文帝（昭）不能安席。晨會兵司馬門，（師）鎮靜內外，置陣甚整。宣帝曰：「此子竟可也。」初，帝（師）陰養死士三千，散在人間，至是一朝而集，眾莫知所出也。

眞是怵目驚心。司馬師個人暗地畜養了為他家賣命的特務三千人，政變前集中到洛陽，平常分散潛伏在社會，這種大規模人員的組織，經費的籌措，無聲無臭，令人叫絕，而他老子又有一個系統可「使人覘」老大司馬師的睡相。這種大本領，那批笨得只會聽歌飲酒的曹爽，只會集注《論語》的何晏之流，如何是他們父子的對手？這也正是為何阮籍「喜怒不形於色」，嵇康「二十年未嘗見喜慍之色」，劉伶「澹默少言，不妄交游」（用《晉書》本傳語）的根本原因。

竹林名士約在此之前，七個都已經結合在一起，他們趣味固然相投，但並不是天生都喜愛山水。在常態上，傳統的士人唯一的出路就是做官，七賢在他們年輕時當然也不例外。《晉書・阮籍傳》說：「籍本有濟世志，屬魏晉之際，天下多故，名士少有全者，籍由是不與世事。遂酣飲為常」。而《三國志・王粲傳》說嵇康是「尚奇任俠」。《丹鉛雜錄》引《續逸民傳》說：「嵇康早有青雲之志。」[113]然而在正始時，看到曹爽與司馬懿明爭暗鬥，險象環生，大都退避三舍，視政治為畏途，年長的阮籍、山濤偶而也姿態性在官場外圍繞一圈就出來，等到高平陵政變後，司馬家凶狠的手段，使這些名士更加寒心；司馬家對七賢等士人結社性的活動，也極度的不安，這七賢雖只七個人，但實在是全國士族或比較寒素的知識份子的表徵與偶像。當嵇康臨刑時，太學生三千人上書司馬昭，要求拜嵇康為師，由這種潛在的聲勢與影響力，司馬昭自然對他們是不放鬆的。嘉平以後，他們的遊息，表面上政治性降低，但內心裏政治性更高，徐高阮說：

> 他們的消極狂放都只是對司馬氏專政謀篡的一種抗議。他們多數有接近低微的色彩，與司馬氏所代表的大族閥閱正處在對照的地位。[114]

這些人平日苦悶，不敢說話，一遇知己就傾腹相吐。如阮籍交游同事王渾，但遇到王渾的兒子王戎，不顧少他廿歲，便促膝談心。劉伶不妄交游，但與阮籍、嵇康相遇，便「欣然神解，攜手入林」。（以上見《晉書》本傳。）阮籍與嵇康都「高才遠識，少有悟具契者」，但「一與相遇，便為神交」（《初學記》引袁宏〈山濤別傳〉）。同樣山濤與阮籍、嵇康都只一面，就「契若金蘭」（《世說新語・賢媛篇》及〈竹林七賢論〉）。所以上所說他們沒有「喜怒之色」是對外人而言，對圈內人應無忌憚。所以後來毋丘儉起兵反司馬家，嵇康想要採取行動，曾與山濤研究過，山濤勸他使不得，可以了解他們在思想上理念是一致的。

七賢之名，《世說新語・任誕篇》說：

陳留阮籍、譙國嵇康、河內山濤，三人年皆相比，康年少亞之，預此契者，沛國劉伶、陳留阮咸、河內向秀、琅琊王戎，七人常集於竹林之下，肆意酣暢，故世謂「竹林七賢」。

注引孫盛的《晉陽秋》說：

于時風譽，扇于海內，至于今詠之。

孫盛是西、東晉之交的人，他說「于時」是指七賢在世時，極可能七賢是當時社會上如太學者流對他們的尊稱，一如四聰八達一樣都不是後來才取的。到東晉南朝，畫家盛行畫七賢，並成為殉葬墓畫的題材，七賢已成為士人嚮往的高士。

七賢的順序如依《世說·任誕》則以嵇康爲第二，但早自東晉，則多以嵇康爲首，本書二四三年所引《魏氏春秋》則以嵇康為主。在出土墓畫中，南京西善橋東晉墓中出土有畫七賢及榮啓期八個高士的磚印壁畫，八人各分上下兩列，上列由左起為嵇康、阮籍、山濤、王戎，下列左起為榮啓期、阮咸、劉靈（伶）、向秀[115]。榮啓期相傳春秋時的隱者高士[116]，則七人被視為與榮啓期同一類的人物了。七人中，山濤年最大，到西晉時官也最高，阮籍年僅次山濤，但山、阮名望皆遜於嵇氏。陳寅恪說：「七賢中應推嵇康為第一人，即積極反抗司馬氏者。」[117]

《太平御覽》四百四十四引〈竹林七賢論〉：

山濤與阮籍、嵇康皆一面，而契若金蘭。濤妻韓氏嘗以問濤，濤曰：「當年可爲友者，唯

> 此二人耳。」妻曰：「負羈之妻，亦觀狐、趙，意欲一窺之，可乎？」濤曰：「可也。」二人至，妻勸濤留之宿，夜穿牖而窺之，濤入，曰：「所見何如？」妻曰：「君才殊不如也，正當以識度相友。」濤曰：「然，伊輩亦嘗謂我識度勝。」[118]

阮籍年大於嵇康，在正始、嘉平以後都做過官，不拘禮教，但不臧否人物，是當時知識份子的領袖，然而在資料中，他固不如嵇康的風發獨立，山濤稱「嵇叔夜之為人也，巖巖若孤松之獨立；其醉也，傀俄若玉山之將崩」（《世說新語・容止篇》），這是儀表氣質，且不必說。而嵇康在曹爽，尤其司馬父子時，始終沒有被拉進政治圈，不向強權低頭、軟化，連策略上的迂曲都不妥協，而竹林的活動，又在他家，不畏忌諱，提供地點，作為交游中心，這種勇氣怎不贏得全國士人的尊敬與喝采？三千個大學士不怕危險上書來搶救他，是東漢以來讀書人未有的大結合。他實是一股民間、士人抗拒司馬家父子的精神堡壘，為魏晉南朝人所推崇。東晉名畫家顧愷之評戴逵所作「七賢圖」說：「唯嵇生一像欲佳，其餘雖不妙合，以比前諸竹林之畫，莫能及者。」[119]連畫家畫嵇康都要比其他六人要好，因此足見陳寅恪所說不差。至於說他研究經書（如《左傳》），能彈琴，精書法那是其次的事了。

【作品】

〈酒會詩〉七首

其中五言一首、四言六首，乃怡情山水、遨遊竹林之作。寄情老莊自然，而沒有遊仙化外的思想，是嵇康最美的山水詩。

五言是：

樂哉苑中遊，周覽無窮已，百卉吐芳華，崇基邈高跱，林木紛交錯，玄池戲魴鯉，輕丸斃翔禽，纖綸出鱣鮪，坐中發美讚，異氣同音軌，臨川獻清酤，微歌發皓齒，素琴揮雅操，清聲隨風起，斯會豈不樂，恨無東野子，酒中念幽人，守故彌終始，但當體七絃，寄心在知己。

帶著七絃琴，大夥兒奔馳在綠林白水之間，射著鳥，打著魚，酌酒高歌，傲嘯蒼穹。

四言的如：

淡淡流水，淪胥而逝，汎汎栢舟，載浮載滯，微嘯清風，鼓檝容裔，放櫂投竿，優游卒歲。

婉彼鴛鴦，戢翼而遊，俯唼綠藻，託身洪流，朝翔素瀨，夕棲靈洲，搖蕩清波，與之沈浮。流詠（從朱校）蘭池，和聲激朗，操縵清商，遊心大象，傾昧脩身，惠音遺響，鍾期不存，我志誰賞。

斂絃散思，遊釣九淵，重流千仞，或餌者懸，猗與莊老，棲遲永年，寔惟龍化，蕩志浩然。

肅肅冷風，分生江湄，却背華林，俯泝丹坻，含陽吐英，履霜不衰，嗟我殊觀，百卉具腓，心之憂矣，孰識玄機。猗猗蘭藹，殖彼中原，綠葉幽茂，麗蕊濃繁，馥馥蕙芳，順風而宣，將御椒房，吐薰龍軒，瞻彼秋草，悵矣惟騫。

沒有用典，不擬《詩》《騷》。後來陶潛四言的〈停雲〉〈歸鳥〉，實不如他的清幽秀麗。

然而終究二人抒情的四言，自為魏晉六朝的雙璧，何焯《義門讀書記》說：「四言詩，叔夜、淵明，俱為秀絕。」王闓運《湘綺樓論文》：「四言詩，嵇、陶為妙，詩之別派。」為持平之論。

嘉平四年（二五二年）二十九歲

【時事】

正月，司馬師繼承了父親司馬懿的權力，升大將軍，加侍中，持節，都督中外諸軍，錄尚書事⑫⓪。

阮籍仍為從事中郎。《晉書》卷四十八本傳：

> 及帝崩，復爲景帝大司馬（應爲「大將軍」）從事中郎。

山濤，被司馬師擧為秀才，任郎中。《晉書》卷四十三本傳：「與宣穆后有中表親，是以見景帝（司馬師），帝曰：『呂望欲仕邪？』命司隸擧秀才，除郎中。轉驃騎將軍王昶從事中郎。」⑫①

四月，吳大帝孫權病逝，年七十一。孫亮繼立。

【生活】

司馬家取得政權後，更積極鎮壓有形或無形的反抗力量，對嵇康這般文弱的書生，便一手執寶劍，一手拿麵包，以恫嚇、籠絡交叉的應用。首先的對象是嵇康、阮籍、山濤三人。山濤與司馬家本是姻親，四十歲才在曹爽時做官，他現實而機警，終於接受安排，從比較基層幹起，走向平坦而長程的路途。阮籍外似奔放，內實深沈。司馬先生一定對他與嵇康最懷戒心。黃錦鋐先生說：

> **他之所以酣飲沈醉，登山長嘯，遇途窮大哭，可以說都是內心苦悶、徬徨的一種表現。**[122]

為保持自己與對方安全感的平衡，他把軀殼交給了司馬家，把靈魂留下給自己。司馬老帥死了，少帥起來，繼續讓他坐在自己大辦公桌前的小桌前，然後仍用繩子拴住，不管你喝酒，也不管你唱歌，沒事做沒關係，不美我兩句也沒關係，只要你在我的身邊，就有了「天下歸心」的新形象。

嵇康這個死硬派，在此時，山濤、阮籍先後下海的同時，必然是被軟硬兼施地拉攏過。畢竟「巖巖若孤松之獨立」，絲毫不為所動。以後二五七年的徵召，他拒絕時，事態已甚嚴重，只好出家門到河東避避風頭。到二五九年山濤私下推薦他代替司馬家給他的新任命——尚書吏部郎，恐怕已經了解司馬昭要把他開除「人籍」，為挽救老友的一命，只好由他出面敦請，以沖淡嵇康直接對司馬家的排斥感與難堪，經過山濤兩年的努力，嵇康堅持不妥協主義。二六一年以書面拒絕山濤，宣佈與在位的老友絕交，其實他的目的是正式向司馬家及支持他的反對力量提出劃分界線的表白。二六二年司馬家設計了呂安事件，二六三年嵇康與呂安就成了司馬家用曹丕模式禪代曹家典禮上（二六五）的祭品，可見不妥協主義，是嵇康被殺的原因之一。分見以下各年。

由此可知，竹林之遊，去了兩個頭，已經逐漸分化。此後結識呂安，以及繼續與七賢中的向秀，三人相當密切的來往。

【作品】

〈太師箴〉

這是嵇康的政治觀，是他所有作品中政治批判性最強烈的一篇。著作年代可能在高平陵之變到二五五年毌丘儉事件之間，是對司馬家的「矜威從虐」的影射，但因二五三年到洛陽與向秀打鐵，又得罪鍾會，而入山從孫登學道，提升了警覺性與逃避性，而作品有的趨向遊仙思想，因此暫列為本年。

本篇是繼承莊子書中的政治退化觀而來。如說：

厥初冥昧，不慮不營，……故君自然，必託賢明。

這類似於政治學中國家起源論的契約說。

赫胥既往，紹以皇義，默靜無文，大朴未虧，萬物熙熙，不火不離。

這與《莊子‧馬蹄篇》一樣，陳述原始社會的眞樸無欺的生活。

疇咨熙載，終禪舜禹，夫統之者勞，仰之者逸……許由鞠躬，辭長九州。

社會發展到首領辛苦，沒人要當。這是戰國社會爭王的時代，嚮往遠古時的長老推舉制度，進而美化為禪讓及讓王的思想。黃宗羲的〈原君〉，即指這個階段。接下來私有制開始：

> 下逮德衰，大道沈淪，智惠日用，……刑教爭施，天性喪眞。

社會開始動亂，再進一步發展到君主宰割天下，以奉其一人之私的時代，這就把矛頭指向司馬家，但仍然很含蓄，因下面這些話是古今通用的：

> 季世陵遲，繼體承資，憑尊恃勢，不友不師，宰割天下，以奉其私，故君位益侈，臣路生心，竭智謀國，不吝灰沈，賞罰雖存，莫勸莫禁，若乃驕盈肆志，阻兵擅權，矜威縱虐，禍蒙丘山，刑本懲暴，今以脅賢，昔爲天下，今爲一身。下疾其上，君猜其臣，喪亂弘多，國乃隕顛，故殷辛不道，首綴素旗，……秦皇荼毒，禍流四海，是以亡國繼踵，古今相承，醜彼摧滅，而襲其亡徵，初安若山，後敗如崩，臨刃振鋒，悔何所增，故居帝王者，無曰我尊……無曰我強，……唯賢是授，何必親戚，順乃浩好，民實胥效。[123]

本文是《莊子・胠篋篇》後，可與阮籍〈大人先生傳〉並稱為兩篇反專制獨裁的宣言，但沒有像〈大人先生傳〉有濃厚的無政府主義觀。他強烈的控訴統治者用嚴刑酷法對付有才德的讀書人，最後必是「國乃隕顛」的下場，別以為「安若山」，片刻間就會「敗如崩」，他已比較淸楚的認識歷史發展規律，可見他的見識是超越時代的。

〈兄秀才公穆入軍贈詩〉

其中的後十二首約本年前後作：

「人生壽促」（八首）
「我友焉之」（九首）
「良馬既閑」（十首）
「攜我好仇」（十一首）
「淩高遠眄」（十二首）
「輕車迅邁」（十三首）
「浩浩洪流」（十四首）
「息徒蘭圃」（十五首）
「閑夜肅清」（十六首）
「乘風高遊」（十七首）
「琴詩自樂」（十八首）
「流俗難悟」（十九首）

他一生中主要是與七賢集團、呂安、孫登等來往最多，而不是嵇喜，對於前者不可能沒有吟咏，以上十二首，正是與友人交往、唱和之作，有因思友而感人生短促的如：

人生壽促，天地長久，百年之期，孰云其壽，思欲登仙，以濟不朽，攬轡踟躕，仰顧我友。

也有他與朋友浪迹山林的遊仙詩：

乘風高遊，遠登靈丘，託好松喬，攜手俱遊，朝發太華，夕宿神州，彈琴詠詩，聊以忘憂。

也有千里命駕，可能贈呂安之作：

輕車迅邁，息彼長林，春木載榮，布葉垂陰，習習谷風，吹我素琴。交交黃鳥，顧儔弄音，感寤馳情，思我所欽，心之憂矣，永嘯長吟。

也有月夜獨酌，彈琴思友的：

閑夜肅清，朗月照軒，微風動袿，組帳高褰，旨酒盈尊，莫與交歡，瑟琴在御，誰與鼓彈，仰慕同趣，其馨若蘭，佳人不存，能不永歎。

這些作品大抵情致悠遠，字句自然，一掃前七首的缺乏個性，枯澀呆板，是嵇康四言詩的奇葩。上承曹操，下開陶潛。胡應麟所謂「已開晉、宋四言門戶。」（《詩藪》），所言不差。

嘉平五年（二五三年）三十歲

【時事】

五月，吳太傅諸葛恪帶兵圍魏合肥新城，魏派毌丘儉、司馬妥抵禦，七月吳兵退去124。傅嘏此其前與王廣（與父王淩於二五一年被殺）等所談論有關才性同異的資料，鍾會在本年把它編成《四本論》125。

《世說新語・文學篇》注引《魏志》曰：

會論才性同異傳於世，四本者：言才性同、才性異、才性合、才性離也。尚書傅嘏論同，中書令李豐論異，侍郎鍾會論合，屯騎校尉王廣論離。文多不載。

《世說新語・賢媛篇》注引《魏氏春秋》：

王廣字公淵，王淩子也。有風量才學，名重當世。與傅嘏等編才性同異行世。

四本是講才性的同、異、合、離，這是正始以前就存在的命題，到正始的十年間，是論辯最激烈的時代，見《三國志・荀彧傳》注引《晉陽秋》（見二二八年）及〈曹爽傳〉注引《魏氏春秋》（見二四一年）的資料，可知是富有政治意識。又據《三國志》卷二十八〈鍾會傳〉稱：

及會死（二六四）後，於會家得書廿篇，名曰《道論》，而實刑名家也，其文似會。126

姚振宗《補三國志・藝文志》以為：「《道論》，疑即《芻蕘論》五卷。《隋書・經籍志》：

梁有《芻蕘論》五卷，鍾會撰。亡。」雖然楊勇《世說新語・文學篇》校箋說：「才性《四本》，殆亦名家《道論》也。」但《四本論》恐怕不是二十篇的《道論》，《四本論》是取四家不同說法的才性論資料編成的。

當時鍾會已經取得司馬家的賞識與信任，故他的學說也得到決定性的勝利，異己的王廣被殺了，剩下的李豐，其生命旦暮且下，所以編了這本才性討論集，以此驕其名位。書雖已亡佚，可想像的必然極其主觀而又斷章取義。

《三國志》卷二十八〈鍾會傳〉注引《世語》：

司馬景王（師）命中書令虞松作表127。再呈輒不可意，命松更定。以經時，松思竭不能改，心苦之……會取視，爲定五字。松悅服，以呈景王，王曰：「不當爾邪！誰所定也？」松曰：「鍾會……」會乃絕賓客，精思十日，平旦入見（司馬師），至鼓二乃出。出後，王獨拊手嘆息曰：「此眞王佐材也。」

裴松之以爲鍾會老早聞名、做官，司馬師應早就知道他128。總之，鍾會已進入了司馬家的權力中心。

【生活】

嵇康從此時起主要交遊者七賢中有向秀、劉靈（伶）。《文選・思舊賦》注引臧榮緒《晉書》：「嵇康爲竹林之遊，預其流者向秀、劉靈之徒。」從稍晚資料知與向秀交往最密，劉伶則因不是核心人物少有記載，二人在嵇康死前都未曾做官129。

另外就是呂安，字仲悌，俗名阿都，東平人，他是冀州刺史呂昭的次子。《世說新語・簡傲篇》注引《晉陽秋》說他「志量開曠，有拔俗風氣」。

嵇康認識呂安，可能是由於先認識呂安的長兄呂巽（字長悌），呂巽與呂安同父而異母，呂安為庶出，《文選・思舊賦》注引干寶《晉書》：「安，巽庶弟，俊才，妻美。」呂巽雖爲嫡出，才能、人品、儀表都不如呂安，這也許是他歧視呂安，而以致強暴其妻，迫害其人的心理因素。事見二六二、二六三年。

〈與呂長悌絕交書〉云：

昔與足下年時相比，故數面相親，足下篤意，遂成大好，由是許足下以至交，雖出處殊塗，而歡愛不衰也，及中間少知阿都（呂安），志力開悟，每喜足下家復有此弟。

可知嵇康先認識同年齡的呂巽，有所交往，但一識呂安，便為神交，政治立場是亂世中擇友的重要條件，阮籍與年相若的同事王渾相交，一遇其子王戎，一樣疏其父而親其子。

在嵇康一生與他最知心的莫過於呂安。《水經注》引《晉陽秋》：

安與嵇康相友，每一相思，千里命駕。（又見《世說新語・簡傲篇》。）

《世說新語・簡傲篇》注引干寶《晉紀》：

初，安之交康也，其相思則率爾命駕。

呂安能詩能文[130]，同情士人，反對司馬家，必然與嵇康是一致的，因嵇康的關係而與向秀也相往來。大概由於晚於七賢交遊之時，所以雖常來山陽找嵇康、向秀遊息，仍不得為「賢」字輩人物，此可旁證七賢之名起於甚早。

東平在今山東東平縣一帶，以地圖測之，與山陽直線距離近三百公里，折漢魏尺為一千二百里，若兩人兩地相思要聊天，即駕車趕一千里的路，確實不虛。

嵇康、向秀、呂安都是中古時代曾用勞力來謀生的士人，嵇康與向秀打鐵，又與呂安種菜。《世說新語・言語篇》注、《文選・顏延年五君詠》注引〈向秀別傳〉：

> 向秀字子期，少為同郡山濤所知，又與譙國嵇康、東平呂安友善，其超舍進止，無不畢同，造事營生，業亦不異。常與康偶鍛於洛邑，與呂安灌園於山陽，收其餘利，以供酒食之費。或率爾相攜，觀原野，極遊浪之勢，亦不計遠近，或經日乃歸，復修常業。

嵇康今年到洛陽，與向秀二人打鐵謀生。

《太平御覽》七百五十二，又九百五十六引某家《晉書》：

> 嵇康性絕巧，而好鍛。宅中有一柳樹，甚茂，乃激水環之，夏月居其下以鍛。

《世說新語・簡傲篇》注引張騭《文士傳》：

康性絶巧，能鍛鐵，家有盛柳樹，乃激水以圜之，夏天甚清涼，恒居其下傲戲，乃身自鍛。家雖貧，有人就鍛者，康不受直。唯親舊以鷄酒往，與共飲噉，清言而已。

唐修《晉書》卷四十九〈嵇康傳〉：

初，康居貧，嘗與向秀共鍛於大樹之下，以自贍給。

這樣看來，打鐵的工作，既不是消遣，更不是找刺激，做運動，至少已經半職業性的。「鍛……以自贍給」，「收其餘利，以供酒食」，但可能有時不收錢，或者改收東西而已。

所謂的鍛鐵就是把鐵礦熔解成鐵水再鑄打成用品，這是很艱苦的工作，比農耕的勞動強度要大得多。要熔化鐵不比銅，鐵爐溫度要高到攝氏一千三百度以上。依《世說新語·簡傲篇》說：

向子期（秀）爲佐鼓排。康揚槌不輟。

這就明白有鼓風設備才能有這樣高的溫度，鼓排原是一種大皮囊的鼓風器[131]，又叫排囊、皮鞴，排通鞴，囊，後改用木材或陶土製成方形的鼓風箱，箱子有兩隻柄，《說文》叫「瓴」，露出箱外，（即活塞作用）成形，如圖（見下頁），從右側推，可以把風擠向左邊風口吹起爐火。有趣的是我發現嵇康鍛鐵，好像不是用人力推風箱，而是用水力的鼓風爐，即叫水排。這是中國科學史值得重視的一件資料。

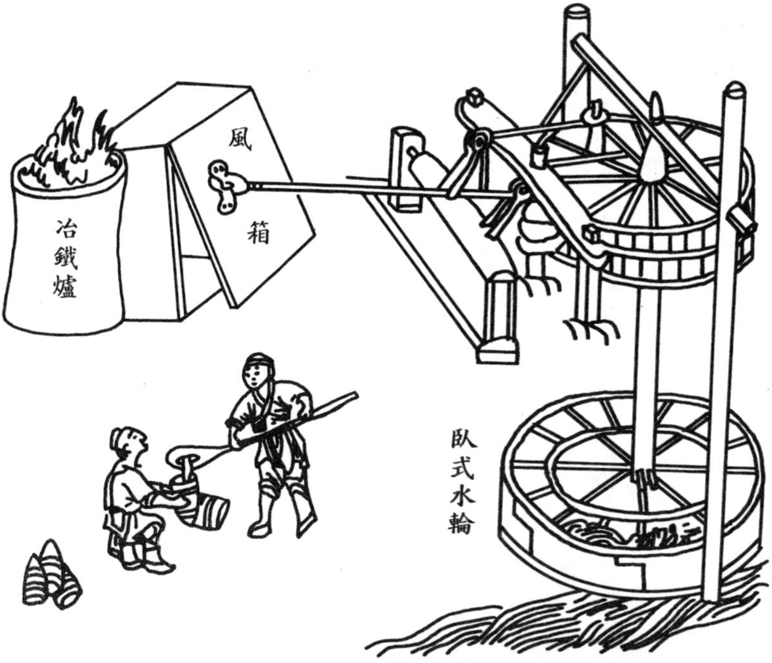

水排圖（引自王楨《農書》[公元1313年]）

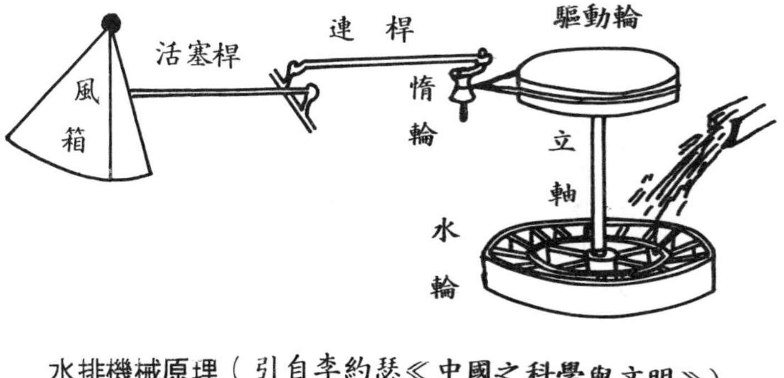

水排機械原理（引自李約瑟《中國之科學與文明》）

所謂水排是用水力推動水輪，再驅動活塞，來達到鼓風的效果[132]。中國最早用水排出現於後漢劉秀時代。《後漢書》卷二十一〈杜詩傳〉：

（光武建武）七年，（杜詩）遷南陽太守……善於計略，省愛民役，造作水排，鑄為農器，用力小，而見功多，百姓便之。[133]

李賢注：

排音蒲拜反，治鑄者爲排，以吹炭令激水以鼓之也，排當外橐，古字通用也。

杜詩也許就是水排的發明者，當年為公元三十一年。

魏晉時代水力鼓風爐相當普遍。《三國志》卷二十四〈韓暨傳〉：

韓暨，字公至，南陽堵陽人也。……後遷樂陵太守，徙監冶謁者，舊時治作馬排，每一熟石，用馬百匹，更作人排，又費功力，暨乃因長流爲水排，計其利益，三倍於前，在職七年，器用充實。

《水經注》卷十六「穀水」注：

> 穀水又經白超壘南，……壘側有塢，故冶官所在，魏晉之日，引穀水爲水冶，以經國用，遺跡尚存。

嵇康以上資料中所謂「激水環之」或「激水圜之」是指用水沖水輪轉動冶鐵，這個「之」為是指鍛鐵，絕不是指柳樹，否則講不通，毫無意義。在王禎農書所附圖中，只有兩個人就可以工作了，向秀「佐鼓排」是指管理活塞推動鼓風爐熔鐵的工作。嵇康也許塊頭高、力氣大，而用槌打鐵製造器具，士族知識份子這樣艱苦的勞動場面，眞是中國歷史上一幅雄渾的油畫。

當魏晉社會，重視門第，崇尚奢侈，尤其更不屑勞動的時代[134]，作為士人的嵇康、呂安、向秀一班人，在夏日炎炎的攝氏一千度以上的火爐邊打鐵工作（柳樹下可降氣溫幾度）？一千七百多年後的今天，一個中收入的人恐都不願到鍊鋼廠做工，可否想像到，當時這些上層社會的知識份子，我們該用什麼詞彙來形容他們的勇氣和精神；這種勇氣和精神後來只有由陶淵明接下來了。

河南是周秦到中古的冶金工業中心之一，尤其在黃河以北的河內，煤鐵來自太行山麓，很方便，鶴壁、鞏縣、溫縣都發現漢代冶鐵作坊的遺跡。技術最進步的是洛陽城內南郊房基中藏有漢代至北朝的鐵器，發見有鑄鐵脫碳鋼和類似現代球墨鑄鐵的球墨組織鑄鐵，後者是西方在一九四○年才研究出來的技術[135]。

此都足以證明嵇康時代冶金技術的高度性、普遍性，以及嵇康鍛鐵的眞實性。據《庶齋老學叢談》說：

> （蘇）東坡響簧鋏（鐵）杖，長七尺，重三十兩，四十五節，嵇康造。

嵇康鍛鐵的地方主要在洛陽，是在冶鐵坊打工，或在洛陽自己別有的住宅，皆不可知。還有一處是自己的山陽老家。《元和郡縣志》「懷州河內縣」：「嵇康……今有竹林尙存，並鍛竈之所宛在。」

正當嵇康與向秀忘我的工作時，來了一位大煞星——鍾會，他正編好了《四本論》。他們第一次見面就不平凡：

鍾士季精有才理，先不識嵇康，鍾要于時賢儁之士俱往尋康。康方大樹下鍛，向子期為佐，鼓排，康揚槌不輟，旁若無人，移時不交一言。鍾起去。康曰：「何所聞而來？何所見而去？」鍾曰：「聞所聞而來，見所見而去。」（《世說新語．簡傲篇》）

鍾會撰《四本論》，始畢，甚欲使嵇公一見，置懷中，既定，畏其難，懷不敢出，於戶外遙擲，便回急走。（《世說新語．文學篇》）

二人一見面，彼此心裏有數，嵇康完全不甩他，客人要走，主人問：「為聽什麼來的？見了什麼去？」答：「要聽所要聽而來，見了所要見而去！」很「名理」的性格，這樣就得罪了鍾會。另一說是鍾會拿《四本論》要求見嵇康，目的是要炫耀，還是要請他美言幾句，都有，但為何害臊如處子？這不是鍾會的性格，或者是先帶書去不敢見，然後再求見，但也可能兩次找嵇康，其實只有一次，沒有丟書就跑的事。鍾見嵇動機有窺伺的作用，嵇康早知鍾會角色，一旦來找麻煩，不悅之色即由「高亮任性」的本性露出，所以本性與叔夜相近的明代漢子李卓吾說：

甚矣，史之文勝質也，方其揚槌不顧之時，目中無鍾久矣，其愛惡喜怒，為何如者？此雖中散之累，而不足以損中散之高，胡為乎蓋之哉？（李贄《初潭集》）

鍾會是以學人從政，拉攏學人也是他的工作，此次找嵇康，也有拉的意思，雖然明知機會太小，但總得一試。用《四本論》求見大概是比較文雅的藉口。雖然嵇康是離異派，可能尚未明白表示態度，使鍾會認爲還有溝通的管道，然而一切都落空，鍾會碰壁。「聞所聞而來，見所見而去」，就是「咱們等著瞧」！

兒子嵇紹生[136]，一歲，他姊姊六歲。

鍾會一走，留下一大片的烏雲，有家、有子女了，銳氣未泯，不知將招來如何之禍，因此只好離家避禍，向孫登學道，這時阮籍可能先他而到過蘇門山見過著名的隱者孫登。受他的感召，回來作《大人先生傳》[137]。

孫登，是唐修《晉書》（卷九十四）〈隱逸傳〉的第一名人物，可能是五斗米（天道師）的道士。

《世說新語‧棲逸篇》：

嵇康遊於汲郡山中，遇道士孫登，遂與之遊。康臨去，登曰：「君才則高矣，保身之道不足。」

劉注引《嵇康集‧序》：

> 孫登者，不知何人。無家，於汲郡北山土窟住，夏則編草為裳，冬則披髮自覆。好讀易，鼓一弦琴，見者皆親樂之。

又引《魏氏春秋》：

> 登性無喜怒，或沒諸水，出而觀之，登復大笑。時時出入人間，所經家設衣食者，一無所辭，去皆捨去。

《太平御覽》五百七十九引某家《晉紀》：

> 孫登字公和，不知何許人，散髮宛地，行吟樂天，居白鹿蘇門二山，彈一絃琴，善嘯，每感風雷。嵇康師事之，三年不言。

這樣看來，孫登是一位人品高尚、隨和，而深得士人、平民愛戴的道士、學者，他平常隱在附近山(太行山南麓)中，住土窟，穿草衣，實非脫離群衆的隱者，怪不得司馬昭派阮籍去監視他的行動[138]。

嵇康見孫登，《世說新語》說是遇到，但有的說是自行去找的，可能是以前遇過，或聽過，此次則是自行去的，時間在嘉平中，因前後有三年之久，所以暫列於嘉平五年。

《世說新語•棲逸篇》注引《文士傳》：

嘉平中，汲縣民共入山中，見一人所居，懸巖百仞，叢林鬱茂，而神明甚察，自云：「孫姓登名，字公和。」康聞，乃從遊，三年，問其所圖，終不答，然神謀所存良妙，康每薾然歎息，將別，謂曰：「先生竟無言乎？」登乃曰：「子識火乎？生而有光，而不用其光，果然在於用光；人生而有才，而不用其才，果然在於用才。故用光在乎得薪，所以保其曜；用才在乎識物，所以全其年。今子才多識寡，難乎免於今之世矣。子無多求。」康不能用。及遭呂安事，在獄為詩自責云：「昔慚下惠，今愧孫登。」

跟三年，是泛稱，事實二人不會始終住在一起，嵇康是個大名士，與孫登學什麼呢？是導養身心的仙道，包括煉丹服食。（詳見以下各年。）而且，孫登極可能也是一個反司馬的人物，只是更柔弱而已。

他們的結合，對孫登而言，必須把嵇康拉近自己的觀點，雙方才安全，畢竟嵇康並沒有大步的向他靠過去，既不能隱，又不應召，甚至想支援毋丘儉，結果必然應了如此文所說的「難免於世」的「伏筆」。

【作品】

〈養生論〉

年齡漸大，壓力愈大，沈悶的空氣使他把生命的問題與神仙結合起來，在本年進洛陽之稍前作〈養生論〉。〈養生論〉是很被後世重視的作品，東晉初王導只說三理，三理是他的〈養生論〉〈聲無哀樂論〉及歐陽建的〈言盡意論〉（《世說新語・文學》）。《文選》顏延年〈五君詠〉注引孫綽〈嵇中散傳〉：

嵇康作〈養生論〉，入洛，京師謂之神人。向子期難之，不得屈。

〈養生論〉開宗明義，提出似是調和性的見解：

世或有謂：「神仙可以學得，不死可以力致者。」或云：「上壽百二十，古今所同，過此以往，莫非妖妄者。」此為兩失其情。請試粗論之。夫神仙雖不目見，然記籍所載，前史所傳，較而論之，其有必矣。似特受異氣，禀之自然。非積學所能致也。至於導養得理，以盡性命，上獲千餘歲，下可數百年，可有之年，而世皆不精，故莫能得之。

他肯定神仙的存在，但因神仙有禀之自然的異氣，非人所能學習達到的，但如果導養得理，以盡性命之全，可以活千歲百歲，可惜一般不能精於導養，以致活不到這麼久，這樣其實不是二個層次的調和，現實的人生都在兩個層次的下面。

他隱逸的生活，內心的底蘊並不平靜，不能無痕無跡融化在社會廣大的農村面，他有許多的想像、追求，逍遙的莊子、海外的神仙、御風的列子（〈琴賦〉：「凌扶搖兮憩瀛洲，要列子兮為好仇，餐沆瀣兮帶朝霞，眇翩翩兮薄天遊。……」）他交遊隱者、服食藥石（寒食散）……都是要逃避太陽下的大地，而求飛昇於星辰外的太空……然而一切一切終必歸到有感覺的肉體上來，這就產生時、空的差距，他自己也了解：

抑情忍欲，割棄榮願，而嗜好常在耳目之前，所希在數十年之后，又恐兩失，內懷猶豫，心戰于內，物誘于外，交賒相傾，如此復敗。

所謂「交賒」是漢晉間的用語，交是近的時、空，賒是遠的時、空，近、遠不同時、空交織起來的價值觀，是一個對立的存在，他個人也是如此微妙的向前走。

養生既不能神仙，也不能千歲，必須從身、心來調節：

清虛靜泰，少私寡欲，知名位之傷德，故忽而不營。非欲，而強禁也，識厚味之害性，故棄而弗顧，非貪，而後抑也。外物以累心不存，神氣以醇白獨著。曠然無憂患，寂然無思慮。又守之以一，養之以和，同乎大順。然後蒸以靈芝，潤以醴泉，晞以朝陽，綏以五絃，無為自得，體妙心玄。忘歡而後樂足，遺生而後身存。若此以往，庶可與羨門比壽，王喬爭年，何為其無有哉。

最後到「無爲……遺生而後身存。……」，則又流於神秘主義的虛幻。這是他追求神仙術的結果。

接著向秀有〈難養生論〉：

……去滋味，窒情欲，抑富貴，則未之敢許也。……若性命以巧拙為長短，則聖人窮理盡性，宜享遐期，而堯舜……周孔，上獲百年，下者七十，豈復疏於導養耶？顧天命有限，非物所加耳。……

向秀站在現實的觀點，並非皆無理，人欲的爲害社會，是政治、經濟權力分配不均使然，人欲不足畏，但向秀並沒有持這個立場，反而更近一步主張「服饗滋味，以宣五情，納御聲色，以達性氣」，很可怕的爲統治者的縱欲擺好理論了。向秀後來的發展，走向仕途，應與此有關了。

嵇康再作：

〈答難養生論〉

全文很長，逐項反駁向秀所難，抽絲剝繭，句句入扣，反覆闡發本來的主題。這是他思維系統的高明處。

牟宗三先生說：「全篇嚴整周洽，無餘蘊矣，經向秀之難，而盛發之。比原論更進一步也。其持論甚質實，而玄義亦賅具中。向秀承其『高致』，發爲莊子注，益精練而肆。」⑬⑨

〈雜詩〉：

微風清扇，雲氣四除，皎皎亮月，麗于高隅。興命公子，攜手同車，龍驥翼翼，揚鑣踟躕。

肅肅宵征，造我友廬，光燈吐輝，華幔長舒。鸞觴酌醴，神鼎烹魚，絃超子野，流詠太素，俯讚玄虛，孰克英賢，與爾剋符。

這首月夜訪友的四言，極大的可能是給呂安的，所謂「輿命公子，攜手同車」，「肅肅宵征，造我友廬」，以至於情感如合符，似與呂安的關係才足以當之。

〈釋私論〉140

嵇康以為君子，要泯滅世俗是非，越名教而任自然，而反對小人的匿情違道，是對虛偽的政治結構，痛加抨擊的一篇理論作品。

夫稱君子者，心無措乎是非，而行不違乎道者也。何以言之？夫氣靜神虛者，心不存於矜尚；體亮心達者，情不繫於所欲。矜尚不存乎心，故能越名教而任自然，情不繫於所欲，故能審貴賤而通物情。物情順通，故大道無違，越名任心，故是非無措也。是故言君子，則以無措為主，以通物為美。言小人，則以匿情為非，以違道為闕。何者？匿情矜老，小人之至惡；虛心無措，君子之篤行也。是以大道言，及吾無身，吾又何患，無以生為貴者，是賢於貴生也。由斯而言：夫至人之用心，固不存有措矣。

這是莊子〈逍遙〉〈齊物〉所濃縮的性格，至人無己（〈逍遙遊〉），所以無身可患（《老子》十三章：及吾無身，吾有何患）。沒有自我，自能越名教而任自然。所謂無措，簡單說就是不理，不理會，因為無己，就無「成心」（〈齊物論〉）可隨，所以無措就是無成心，是非、道德都是因社會價值而變異，所以「事亦有似非而非非，類是而非是者」，反之，小人可以「匿非藏情」，甚至以公之名，「宰割天下，以奉其私」（〈太師箴〉），因此要「棄名以任實」。《莊子・胠篋篇》說：「彼竊鉤者誅，竊國者為諸侯，諸侯之門而仁義存焉。」這正是司馬家的寫照，無怪乎嵇康一再強調「無措是非」，也就是要泯滅是非，「不譴是非」（《莊子・天下》）了。不過這樣處理方法，就是能達到至人無己，能用心於無措，對磐固於政治上的名教，也只好面對殘紅，任它落去了[141]。

高貴鄉公曹髦正元元年（二五四年）三十一歲

【時事】

二月，中書令李豐，與皇后張氏的父親光祿大夫張緝（曹芳的岳父）黃門監蘇鑠、永寧署令樂敦，宂從僕射劉賢在洛陽計畫以太常夏侯玄來取代司馬師，司馬師立即獲悉，先發動反政變，逮捕所有人員，「皆夷三族」。知識份子又一次的受到大摧殘[142]。

夏侯玄是一個光明正大的君子。陳壽在司馬家的屋簷下都說他：

玄格量弘濟，臨斬東市，顏色不變，舉動自若，時年四十六。

據裴松之注引《魏氏春秋》說：原初司空趙儼去世，大將軍司馬師、昭兄來弔祭，參與的有好幾百人，夏侯玄後到，所有的人都去迎接他，冷落了他們兄弟，從此司馬師厭惡他，等到被捕時，司馬師問他：「卿忘會趙司空葬乎？」此事裴松之雖表示懷疑，但荀粲在早年就稱夏侯玄爲「一時之傑士」（《世說新語・識鑒篇》）。無論如何，他是當時德高望重的人物[143]。

李豐是才性論中的異派，意識上是反對司馬氏的，但政治立場不夠堅定。《三國志》卷九〈夏侯玄傳〉說：

中書令李豐雖宿為大將軍司馬景王（師）所親待，然私心在玄。

裴注引《魏略》：

豐字安國……年十七、八，在鄴下名為清白，識別人物，海內翕然，莫不注意。……明帝在東宮，豐在文學中。及卽尊位，得吳降人，問：『江東聞中國名士為誰？』降人云：『聞有李安國者是。』……曹爽專政，豐依違二公間，無有適莫，故于時有謗書曰：『曹爽之勢熱如湯，太傅父子冷如漿，李豐兄弟如游光（火神）。』其意以為豐雖外示清淨，而內圖事，有似於游光。……韜（李豐之子）雖尚公主，豐常約敕不得有所侵取。

可見李豐的才德、名氣都是不錯的，但猶豫觀望，以致逐一的被司馬父子各個擊破。

接著，李豐的朋友鎭北將軍許允被誣陷，放逐樂浪，途中被殺[144]。

司馬師屠殺王廣、夏侯玄後，對曹芳極爲痛恨，三月便廢張皇后，九月乃假太后之名，用「伊尹放太甲」，「霍光廢昌邑」的先例，把曹芳廢掉，送河內重門看管。再令新任太常王肅，奉法駕迎立曹丕另一個孫子，即東海王曹霖之子高貴鄉公曹髦，改嘉平六年爲正元元年[145]。

司馬師在鎭壓異己士人，廢掉曹芳之時，即先封有功的士人，以王肅兼太常，封傅嘏爲關內侯，立曹髦之後，又加封傅嘏爲武鄉亭侯，鍾會爲關內侯，値得一說是：還封賜阮籍爲關內侯，不久又由從事中郎升散騎常侍，這是安撫士人的痲醉劑[146]。

當曹芳被廢時，阮籍在司馬師大將軍府，感觸甚多，乃作〈首陽山賦〉，及詠懷〈步出上東門〉〈嘉樹下成蹊〉等詩，用象徵的手法隱喩時事。後來任散騎常侍，他表示不歡喜，這時司馬昭要與他結爲親家（娶阮籍女），他故意大醉六十天而逃避，其內心的苦痛可想而知。鍾會看他不順眼，藉時事問他，只要他說 No 或 Yes，這位名理專家，都可以置之於死地，但仍被阮籍用酒醉拖過[147]。

鍾會却全不同，遂成司馬師、昭手下的紅人，司馬兄弟利用鍾會恐還不在於他的幹才，而在於他在學術上的名氣、關係[148]，以號召、拉攏、伺探士族的知識份子。而鍾會却假司馬之力，掌握「機密十餘年，頗豫政謀」，後來進而企圖成爲司馬昭的「司馬昭」。

【生活】

東漢發展起來的道家，到漢魏之際，分爲天師道及太平道，後者行於民間，前者又叫五斗米敎，是張魯推動的，後來取得曹操的認同，遂在上層社會流傳，並與知識界標榜老莊的神仙方術家結合，以煉金丹修仙道，來攝養身心，魏伯陽、葛洪乃是最赫赫有名的，孫登、王烈也是此中人物，尤其是王烈大概是服食藥物的專家。

嵇康儘管認爲神仙不可積學而致（〈養生論〉），事實已經相信有神仙存在的這個前提，因此他也相信金丹等藥石可以養生的。

〈答難養生論〉：

豈若流泉甘醴，瓊蘂玉英，金丹石菌，紫芝黃精，皆衆靈含英，獨發奇生，……滌垢澤穢，志凌青雲，若此以往，何五穀之養哉？

約在與孫登學習之同時，或在本年前後，遇到王烈，大概彼此都常在山中採藥，就如與孫登相遇一樣（另有一說），卽葛洪《抱朴子・登涉篇》說：「凡爲道合藥，及避亂隱居，莫不入山。」

王烈的資料不多。而且有神化的傾向：

王烈服食養性，嵇康甚敬信之，隨入山，嘗得石髓，柔滑如飴，卽自服半，餘半，取以與康，皆凝而爲石。（《文選》沈休文〈遊沈道士館詩〉注引袁彥伯《竹林名士傳》）

嵇康遇邯鄲人王烈，烈自言二百餘歲，共入山，得石髓，如飴，卽自服半，餘半與康，皆凝而爲石。石室中見一卷《素書》，呼吸間康取輒不見。（《大唐類要》一百六十及《北堂書鈔》一百六十引藏榮緒《晉書》）

戴明揚《嵇康集校注》附錄對此有所說明：

晉人虛無，類多欺誕。予觀王烈入山得石髓，懷以餉嵇叔夜，視之，則已爲石矣。然《抱朴子》云：「石中黃子，所在有之，近水之山尤多，在大石中，其石常溫潤不燥，打石見之，赤黃溶溶，如雞子在殼者，便飲之，不爾，則堅凝成石也。」據此，與王烈所謂石髓何異，恐所得者，只是此耳。按《仙經》：「神山五百年一開，石髓出，飲之者壽，與天地齊。」故東坡因謂：「康使當時杵碎、或楷磨食之，豈不賢於雲母鐘乳輩？然神仙要有定分，不可力求也。」晉人固好奇無實，而坡復以仙經為信，無乃一逕庭耶。

這個王烈或許就是〈與山巨源絕交書〉所說的「又聞道士遺言：『餌求黃精，令人久壽。』意甚信之。遊山澤，觀魚鳥，心甚樂之」其中的那個道士。

嵇康所服的石髓卽是鍾乳。

《本草綱目》引陳藏器說：

石髓生臨海華蓋山石窟，土人采取，澄淘如泥，作丸如彈子，有白有黃彌佳。

李時珍說：

按《列仙傳》言：「卯疏賁石髓服。」卽鍾乳也。《仙經》云：「……王烈入山見石裂，得髓食之，因撮少許與嵇康，化為青石。」

又引陳藏器說：

氣味甘温，無毒。主治寒熱羸瘦，無顏色，積聚心腹脹滿，食飲不消，皮膚枯槁，小便數疾，癖塊，腹内腸鳴，下痢，腰脚疼冷，性壅，宜寒瘦人。149

鍾（鐘）乳（Stalactites），即鍾乳石，在石炭質岩洞中，因雨水的浸透，溶解的碳酸鈣($CaCO_3$)從洞頂岩縫中滴下，因蒸發作用，逐漸形成下垂形的石柱叫鍾乳，積在地上成柱的叫石筍（Stalagmites）。在洞内濕度高成可塑性，取出後愈蒸發愈硬化。中藥又叫鵝管石，治氣管炎，或與石觸、菟絲子、吳萸，配成鍾乳丸，可治肢冷、體弱，如陳藏器所言。

因北方石炭岩地質較少，鍾乳石以爲至寶，唐玄宗曾以之賜宰臣，柳宗元說食之可以「榮華温柔，其氣宣流，壽考康寧，心平氣和，其享福彌固」150。

嵇康可能還不只是吃鍾乳，依〈答難養生論〉所說可能還有「金丹石菌，紫芝黃精」。

金丹是從秦漢到唐宋間，方士、道士以及帝王、貴族所追求的「長生不老」或「壯陽」之藥，主要是汞、硫的無機化合物，葛洪所用丹砂（朱砂）、雄黃、戎鹽、石膽、曾青、硫黃，各種方法提煉而成，因硫黃有毒，而丹砂是硫化汞（HgS），有重金屬的水銀（汞），還有煉丹家易把劇毒的紅鉛（Pb_3O_4）誤作丹砂100，再加以技術、劑量的不易控制，歷代因服丹而死的上層社會人物不計其數。

石菌，大概就指鍾乳石。

紫芝，是靈芝。

黃精，可能即《周易參同契》的「黃芽」（卷上），也就是硫磺。

另外還有「寒食散」，又叫「紫石散」，或「五石散」，是主要以五種礦石配成：

五石更生散（寒食散），治男子五勞七傷，虛羸著床，醫不能治，服此無不愈，惟久病者服之。其年少不識事，不可妄服之。明於治理，能得藥適，可服之。年三十勿服。或腎冷脫肛陰腫，服之尤妙：

紫石英　白石英　赤石脂　鍾乳　石硫黃　海蛤（並研）　防風　栝樓（各二兩半）　白朮（七分）　人參（三兩）　桔梗　細辛　乾薑　桂心（各五分）　附子（炮三分去皮）

右一十五味，擣篩為散，酒服方寸匕，日二。中間節量，以意裁之。萬無不起。熱煩悶，可冷水洗面及手足，身體亦可渾身洗。若熱欲去石硫黃、赤石脂，即名三石更生散。一方言是寒食散，方出何侯（何晏），一兩分作三薄，日移一丈再服二丈又服。（孫思邈《千金翼方》卷二十二）

這是魏晉南北朝上層士族男子壯陽、及驅癆傷之藥，《世說新語·語言》說何晏：「服五石散，非惟治病，亦覺神明開朗。」但副作用很大，禁忌很多，魏晉自然主義士人的奇異行為，除了反禮教壓迫外，與服食藥物的反應有關[152]。詳見下一年。

【作品】

嵇含之子病危，自行用寒食散，以挽回性命[153]，可見嵇家有用寒食散的記錄。

〈遊仙詩〉：

遙望山上松，隆谷鬱青蔥，自遇一何高，獨立迥無雙，願想遊其下，蹊路絕不通，王喬棄我去，乘雲駕六龍，飄颻戲玄圃，黃老路相逢，授我自然道，曠若發童蒙，採藥鍾山陽，服食改姿容，蟬蛻棄穢累，結友家板桐，臨觴奏九韶，雅歌何邕邕，長與俗人別，誰能覩其蹤。

一韻到底，暢流雅麗，下開郭璞五言遊仙之風，但郭璞文字比他此首要濃豔堆砌。詩中說他在山中尋仙求道，採藥服食，反映他心中對自然的飢渴，但如何蛻棄他的穢累，如何長與俗人相別，又必須面臨一番自我的挑戰了。

〈雜詩〉四言四首：

「泆泆白雲」

「眇眇（從魯迅校）翔鸞」

「有舟浮覆」

「羽化華岳」

〈雜詩〉五言三首：

「人生譬朝露」

「脩夜家（周氏疑為「寂」）無為」
「俗人不可親」

這都是嵇康嚮往自然仙道的作品，文字平平，了無創意，與遊仙詩同類，放在本年。

〈重作四言詩〉七首（〈秋胡行〉）

這是借用漢樂府古辭〈秋胡行〉的形式，來表達自己追求自然柔弱，自由無羈的意念，與這個時期的行止、思想相近，列入本年前後所作。

〈秋胡行〉是相和歌清調曲，依曹操的兩曲〈秋胡行〉，都是首兩句，重複歌詠一次，這是民歌的本色。如「晨上散關山，此道當何難」，便再來一次。嵇康的七首便全用重調，曹丕所作及後世的〈秋胡行〉大多沒有用重調154。

七首都用首句四言、五言（或四言）重調兩次共四句，然後再六句四言。最末兩句，一句都用「歌以言之」155四言，末句五言，而且用韻與第二句用韻同字，如第一首詩為例：

富貴尊榮，憂患諒獨多。富貴尊榮，憂患諒獨多。古人所懼，豐屋蔀家。人害其上，獸惡網羅。惟有貧賤，可以無他。歌以言之，富貴憂患多。

這一首與第二首「貧賤易居，易盛難為工」，第三首「勞謙寡悔，忠信可久安」在說明柔弱低下，可以避禍邀吉，可知其平素心裏的負荷有多大。

第四首「役神者弊，極欲疾枯」，是說要絕欲養生。

末三首「絕智棄學，遊心於玄默」，「思與王喬，乘雲遊八極」，「徘徊鍾山，息駕於層城」，則是奔馳於化外的道家遊仙詩，這種詩容易有飄逸瀟灑的效果[156]。

陳祚明《采菽堂古詩選》說：

〈秋胡行〉別為一體，貴取快意，此猶有魏武遺風。

就整體形式來說，確是受曹操〈秋胡行〉的影響，但就曹操浪漫的遊仙色彩言，則只有末三首相近，才有陳氏所說的「快意」。

正元二年（二五五年）三十二歲

【時事】

正月鎮東將軍毋丘儉、揚州刺史文欽在淮南假太后詔發動反司馬師的軍事行動。

在此前，去年底，有白氣經天，司馬師問大學問家王肅是什麼，王肅說：「此蚩尤之旗也，東南其有亂乎？」[157]表面是災異，其實暗地在佈置羅網。

二月，毋丘儉、文欽兩人率軍五萬西渡淮河，司馬師因眼睛剛開刀，擬令將領率軍攻打，王肅、傅嘏、鍾會三個名士都以淮楚兵勁，勸他親自出馬，於是他把弟弟司馬昭擺在洛陽鎮守後方，便率十多萬大軍，包括傅嘏、鍾會、諸葛誕，向東出發，在壽春（揚州）一帶，包圍毋丘儉、文欽，二人兵敗，文欽投奔吳國，毋丘儉被殺，都夷三族。乃升王肅為中領軍，加散騎常侍。

毋丘儉、文欽（曹爽同鄉）都是曹爽的人，與夏侯玄、李豐都有共同的立場，「夏侯玄事件」的第二年，在外部最大的反司馬的軍事力量終於被摧毀[158]。

沒幾天，司馬師因眼病，受勞累，病死於許昌，弟弟從洛陽趕來。洛陽的曹氏中央，下令司馬昭就地守在許昌，要傅嘏把主軍帶回洛陽，用心明顯，傅嘏與鍾會看出破綻，即勸司馬昭迅速率軍趕回洛陽，足見洛陽有擁曹反司馬的力量，但畢竟司馬家力量太大了。

司馬昭即進位大將軍，完成了名位的私相授受，並封傅嘏為陽鄉侯，食邑增加一倍，由六百戶增至一千二百戶，可惜他無福消受，死在本年。升鍾會為黃門侍郎，封東武亭侯，有食邑三百戶[159]。

阮籍大概在此年初辭去散騎常侍，他受到時局的壓力，而故作奔放，酗酒而反禮教，為鍾會、何曾之流所痛恨，一再打他小報告[160]，他又拒絕與司馬昭結成姻親，這樣種種的因素，使得他不久，自己要求出任為東平相（太守），吃酒玩樂了十來天，司馬昭又把他釘住在他的父兄以前的位置——大將軍府的從事中郎。這樣，他巧妙的保持與司馬家的距離和交流，與嵇康有根本的不同[161]。

鍾會大力拉攏士人，推薦王戎、裴楷給司馬昭。《世說新語・賞譽篇》：「吏部郎闕（《晉書・裴楷傳》：相國椽，遷尚書郎），文帝問其人於鍾會，會曰：『裴楷清通，王戎簡要，皆其選也。』於是用裴。」嵇康瞧不起鍾會，是被鍾會迫害的重要原因之一。

山濤在三月以後任驃騎將軍王昶的從事中郎。《三國志》卷四〈三少帝紀〉：「三月，……甲戌以征南大將軍王昶為驃騎將軍。」《晉書》卷四十三〈山濤傳〉：「景帝（司馬師）……命司隸舉秀才，除郎中。轉驃騎將軍王昶從事中郎，久之。遷尚書吏部郎。」這個職務一直做到景元二年（二六一年）。

【生活】

毋丘儉事件，對嵇康是巨大的衝擊，在年初或去年底政治氣氛緊張（如王肅預言），他可能稍早離開山上，不知是有意或無意的來到洛陽，洛陽是他力量之所在，有成千上萬包括太學生的知識份子，在司馬家在奪取政權過程中，特務横行，年年屠殺。在洛陽城中，民情激憤，道路以目。毋丘儉是有良心的士人，曾上疏反對曹叡以民資營建宮殿，攻伐高句驪能以德服其國人，並有效抵抗吳軍入侵，這都是晉人陳壽所說的，因此這一個有號召力的英雄，在東南的起兵，對已經死寂如水的嵇康之心，又吹起了陣陣的漣漪。

《三國志》卷二十一〈王粲傳〉注引《世語》：

毋丘儉反，康有力，且欲起兵應之，以問山濤，濤曰：「不可。」儉亦已敗。

山濤當時在洛陽任郎中，他是司馬家的遠親，對司馬家的情報較清楚，當然嵇康敢跟他商量，是以信任過他為前提的，這一點，大概嵇康是不會看錯人的，雖然有些學者懷疑山濤告密，甚至以為山濤是潛在七賢中有秘密任務的[162]。但事實如山濤告密，在司馬家除「惡」務盡的原則下，不會留到七年以後才殺他，山濤薦他自代是有營救的作用，嵇康「絕交」書的目的是向司馬家絕交，不是對山濤，否則那還會託孤。死後近二十年後，山濤又推薦沒有人敢推薦的嵇紹，唐修《晉書・嵇康傳》稱：「康欲助毋丘儉，賴山濤不聽。」那已是在二六三年嵇康臨死前的事了，鍾會是管士人情報的，他不一定要山濤告訴他，而且在本年洛陽城反司馬的活動，是大規模的（見下）。嵇康、山濤的談話極可能多人知道，不必只有山濤一人。或這一句是《晉書》寫錯也不一定。事分見各年。

《世語》所說「康有力，且欲起兵應之」，顯然不是說白話，嵇康是當時洛陽知識份子的精神領袖[163]，死時有三千太學生聚在一起爲他求命，可見其影響力，他組織青年是有能力的，所謂「應之」，不是派兵到淮南幫毌丘儉作戰，而是佔領洛陽城，當時除司馬昭少數人馬留守洛陽外，司馬師及所有精銳、謀士都傾巢而出，這是天大的機會，嵇康就在此時勃然動心，我們閉目回思，彷彿可見當時洛陽城民的期待、焦慮之情之景。山濤的看法很正確，即使洛陽成功的佔領，司馬師只要回旋一部份的軍力，就足以粉碎沒有組織，戰力的太學生，何況毌丘儉沒有成功的勝算，則這種盲目的冒險主義根本不能考慮。結果證明山濤比他在政治上有較實際的見解。接着司馬師暴斃，司馬昭不得不出洛陽看哥哥，他可能知道擁曹反司馬的力量蠢然欲起，但又不放心哥哥的權力棒被左右的異姓搶去，事實當時有如此的說法。《三國志・傅嘏傳》注引《世語》：

> 景王（師）疾甚，以朝政授傅嘏，嘏不敢受，及薨，嘏秘不發喪，以景王命召文王（昭）于（從洛陽到）許昌，頒公軍焉。

司馬昭出洛陽後，洛陽曹家有了行動。依據《晉書》卷二〈文帝紀〉所說：

> 景帝（師）崩，天子（曹髦）命帝（司馬昭）鎮許昌，尚書傅嘏帥六軍還京都（洛陽）。

及其他有關史料⑯的記載，這大概又與這批知識份子籌畫設計有關。最後，隨着傳嘏的表書（答覆曹髦），與司馬昭大軍的同時回到洛陽（見《三國志・鍾會傳》）。他們的幻想，就消散在飛馳的歷史時光中。司馬家進城後，調查工作必然免不了嵇康與太學生的活動，後來成了鍾會陷害嵇康的口實。

嵇康死後，司馬炎稱帝，上層社會反對司馬家力量，由行爲上，轉化爲意識上的層面，有人認爲其領導人物是與司馬家有妥協性的山濤⑯。司馬昭回到洛陽之時，嵇康可能又上山找孫登了。山濤也接著出任新職。

【作品】

〈卜疑〉

在這充滿希望，也充滿絕望的時代，嵇康有無限的痛苦、徬徨，本篇便是在這樣的一個時局下完成的。

本篇是摹擬屈原的〈卜居〉的一篇辭賦。他必然想到他與屈原一樣熱愛蒼生，祈求理想，結果一樣的受到挫折與煎熬。

他以一個道德極其高尚的「宏達先生」，在「大道旣隱，智巧滋繁」的時代，感到無比的失望、懷疑，他不知如何前進，乃求見「太史貞父」求卜疑問，全文只一問一答，他所問的就是嵇康所面臨如何抉擇自己扮演的角色的問題，也是當時社會士人如何去選擇道路的問題。

宏達先生陳述了二、三十個不同的類型，歸納起來，大致有：

一、卑懦委隨，追逐名利型。

「卑懦委隨，承旨倚靡。」

「進趨世利，苟容偷合。」

「聚貨千億，擊鐘鼎食，枕籍芬芳，婉孌美色。」

二、入世積極表現型。

「舒翼揚聲，若雲間之鴻。」

「如魯連之輕世肆志，高談從俗。」

三、守正不傾，對抗權勢型。

「斥逐凶佞，守正不傾。」

「慷慨以為壯，感槩以為亮，上干萬乘，下凌將相，尊嚴其容，高自矯抗。」

四、隱居行義，半隱半現型。

「隱居行義，推至誠。」

五、遵養時晦，等待時機型。

「隱鱗藏彩，若淵中之龍。」

六、雖在人間，屈身隱居型。

「外化其形，內隱其情，屈身隱時，陸沈無名，雖在人間，實處冥冥。」

七、神仙隱居型。

「與王喬赤松為侶。」

八、隱而狂型。

「箕山之夫，潁水之父，輕賤唐虞，而笑大禹。」

九、老子處世型。

「老聃之清淨微妙，守玄抱一。」

十、莊子處世型。

「莊周之齊物，變化洞達。」

……

分析類型很多，與當時分析人物的風氣也有關係，可以想像的人物他都提出來了。如何去選擇呢？

最後太史貞父答覆：以爲「達人不卜」，但要採取的不是屬於上面任一類型的單一路線，而是「內不愧心，外不負俗，交爲不利，仕不爲祿，鑒乎古今，滌情蕩欲」的彈性做法相勉，這就是自我黽勉的結論，可惜這終不是他的本性，用來比喻阮籍倒是最適當不過的。

〈明膽論〉

本篇是嵇康對才性論較具體表明態度的論著，鍾會所編的〈四本論〉沒有把嵇康列進去，後來又拿書給嵇康看，也許誤以爲嵇康至少比較中立，然而嵇康在鍾會的干擾下，他與呂安討論了明與膽的問題，雖然二人觀點不同，但皆是異，離派，而公開表示與鍾會合派的不同立場。

明膽，一言以蔽之，就是「知行」，明是明其理，膽是果其行。這種概念已爲當時所有，劉劭《人物志・英雄篇》說「聰明秀出謂之英，膽力過人謂之雄」，則明與膽，也就是英與雄。

呂安以爲有明就有膽，但有膽未必就有明，這是才性論中的異派，與李豐相同；而嵇康主張明與膽無關，不能相生，明只是事物的分析，而膽是事物的決行，是才性論中的離派，與王廣相同。

嵇康進一步以明膽二者比喻是陰陽兩氣，只能合於一體，沒有相互的因果關係，唯有「至人特鍾純美，兼周外內，無不畢備」。而一般常人，就不能兼備此純美了。這樣把至人突出於社會之外，而一般人又不能由明而生膽，則認識的工夫失去具體的憑藉，就流爲先驗論了。

又說：「元氣陶鑠，衆生稟焉。」這個元氣，就是陰陽的結合。〈太師箴〉說：「浩浩太素，陽曜陰凝，二儀陶化，人倫肇興。」元氣就是太素，這個太素之名，在中古時代的形而上學中，並不是最原始的存在，《周易乾鑿度》、《列子・天瑞篇》在太素之上，還有太易、太初、太始三個階段，不過嵇康並沒有詳細的資料留下來，大概他認爲太素是「道」是「無」，是最高，最抽象最神秘的概念而已。

〈難自然好學論〉

這篇文章是駁斥張邈〈自然好學論〉的論文，當時他在洛陽，學術活動較多，參與了不少問題的爭論。本文與〈明膽論〉用一樣的方法把自然與好學加以分離。用以來說明傳統學術道德是斲傷自然的。

張邈，字遼叔，晉惠帝元康初（二九一——）派為陽城太守，未上任而去世[165]。他認為人有喜怒哀樂等八情，卽是自然，而人在暗室中喜歡光亮，六經如太陽，自然喜歡：

夫喜怒哀樂，愛惡欲懼，人之有也。得意則喜，見犯則怒，乖離則哀，聽和則樂，……凡此八者，不教而能，若論所云，卽自然也。……且晝坐夜寢，明作闇息，天道之常，人所服習，在幽室之中，覩蒸燭光之光，雖不敢告，亦皎然喜所見也。……六藝紛華，名利雜詭，計而後記，交無損於有自然之好也。

這是以偏蓋全的比附，嵇康當然亦以為人有自然之本性，但六經仁義卻非自然。

嵇康〈難自然好學論〉云：

夫民之性好安而惡危，好逸而惡勞，故不擾則其願得，不逼則其志從。洪荒之世，大朴未虧，君無文以上，民無競於下，物全理順，莫不自得，飽則安寢，饑則求食，怡然鼓腹，不知為至德之世也。

是說原始無爲的社會，能滿足人好安惡危、好逸惡勞的本性。然而：

六經以抑引為主，人性以從欲為歡，抑引則違其願，從欲則得自然；然則自然之得，不由抑引之六經；全性之本，不須犯情之禮律。故仁義務於理僞，非養眞之要術，廉讓生於爭奪，非自然之所出也。

今若以明堂為丙舍，以誦諷為鬼語，以六經為蕪藏，以仁義為臭腐，覩文籍則目瞧，修揖讓則變傴，襲章服則轉筋，譚禮則齒齲，則吾子雖好學不倦，猶將闕焉，則向之不學，未必為長放，六經未必為太陽也。

所以結論是「何求於六經，何欲於仁義哉」？

甘露元年（二五六年）三十三歲

【時事】

正月，司馬昭加大都督，奏事不名[166]。

經學家王肅（一九五——）死，他是經學家王朗的兒子，爲司馬昭的岳父，後來稱帝的司馬炎就是他的外孫，因此成爲當時的學閥，他一生不擇手段以推翻鄭玄經說爲目的。皮錫瑞罵他是「經學大蠹」，「黨附篡逆，何足以知聖經」[167]。

四月，才十六歲而思想敏銳的皇帝曹髦到太學，聽太學博士講《周易》、《尚書》、《禮記》，並提出問題，折服各經學博士，尤其對王肅異於鄭玄所說有所問難，仰人鼻息的博士庾峻竟說：「奉遵師說，未喻大義」。曹髦又問：「經云：『知人則哲，能官人。』若堯疑鯀，試之九年，官人失敍，何得謂之聖哲？」庾峻說：「聖人行事不能無失，是以堯失之四凶，周公失之二叔，仲尼失之宰予。」曹髦再逼問：「堯之任鯀，九載無事，汨陳五行，民用昏墊。至於仲尼失之宰予，言行之間，輕重不同也。至于周公、管、蔡之事，亦尚書所載，皆博士所當通也。」峻只說：「此皆先賢所疑，非臣寡見所能究論。」懷疑聖哲、周公，曹髦已經觸及敏感的問題，並開始對司馬家所控制的學術思想表示不滿[168]。

五月，鄴及上洛一帶，甘露降（久旱而下雨），改正元三年爲甘露元年[169]。

阮籍爲步兵校尉。《世說新語》引《文士傳》：

……**後聞步兵廚中有酒三百石，忻然求為校尉，於是入俯舍，與劉伶酣飲。**⑰⓪

同年，阮籍母親去世。他可能服寒食散成癮，而不得不飲酒吃肉。何曾斥之「恣情任性，敗俗之人」。司馬昭幫阮籍說：「有疾而飲酒食肉，固喪禮也！」⑰①

【生活】

嵇康與孫登學「養生之術」三年，約在本年初左右離開蘇門山。臨別，孫登告他：

子識火乎？生而有光，而不用其光，果然在於用光；人生而有才，而不用其才，果然在於用才。故用光在乎得薪，所以保其曜；用才在乎識物，所以全其年。今子才多識寡，難乎免於今之世矣！子無多言。⑰②

說他識寡，是指不夠沈著，容易衝動，對事務看法太理想化，而不能適應現實。

此時他回到洛陽，因阮籍母親去世，弔喪活動在洛陽，當時大概引起許多名士年輕知識份子，前往弔唁，二十出頭的裴楷就是一例（《世說新語・任誕》及《御覽》五六一引《晉諸公別傳》）。阮籍分別以青白眼對嵇康、嵇喜就在此時。

《世說新語・簡傲篇》注引《晉百官名》：

> 嵇喜，字公穆，……康兄也。阮籍遭喪，往弔之。籍能為青白眼，見凡俗之士，以白眼對之。及喜往，籍不哭，見其白眼，喜不懌而退。康聞之，乃齎酒挾琴而造之，遂相與善。

所謂白眼，就翻白眼藐視人，即把黑眼珠縮入上眼皮，這是眼睛異常的人才能做到。青眼，是正常看人，眼珠在中央。阮籍瞧不起嵇喜的人格[173]，同時嵇喜也是「凡俗之士」。

所謂「凡俗之士」即與「俗中人」相同，也就是與「方外之人」相對。《世說新語・任誕篇》：

> 阮步兵（籍）喪母，裴令公（楷）往弔之。阮方醉，散髮坐牀，箕踞不哭。裴至，下席於地，哭弔唁畢，便去。或問裴：「凡弔，主人哭，客乃為禮；阮既不哭，君何為哭？」裴曰：「阮方外之人，故不崇禮制；我輩俗中人，故以儀軌自居。」時人歎為兩得其中。

當時阮籍、嵇喜、裴楷三人都在洛陽做官，不可能以做官的人叫「俗人」「俗士」，若以俗是指世俗、低俗，既嫌空泛，而裴楷自稱又不得體，所以疑「俗中人」「凡俗之士」是指信仰託名於老莊的天師道，而又服食藥石的人。與後來王羲之、陶淵明信仰天師道大致是一個系統下來的[174]。

嵇康與阮籍都學於孫登，竹林七賢的其他人物，雖缺乏師承的資料，但恐怕都是教徒。天師道，是起於張魯的祖父張陵，張魯受曹操拜為鎮南將軍，子孫皆為列侯[175]，還有一批教徒，如釆藥射獵的劉雄鳴之流者[176]，也取得曹操的官爵，這是曹操鑑於宗教的力量強大，不能撲滅，而聽明的把他納入官方的體制，因此魏晉以後天師道公開正式的流行於上層的士人。

他們服食藥石，調攝身體，但到阮籍這般人也許還借藥物反應及禁忌，放浪形骸來表示對現實的不滿

藥物主要為寒食散。它的反應與禁忌是：

吾觀諸服寒食藥者，咸言石藥沈滯，凝著五藏，故積藏不除。草藥輕淺，浮在皮膚，故解散不久。其違錯石正等。今之失度者，石尚遲緩，草多急疾，而今人利草憚石者，良有以也。石必三旬，草以日決，如其不便，草可悔止，石不得休故也（礦石藥反應大）。（《醫心方》十九卷引皇甫謐〈節度論〉）

春發逆冷、夏發短氣，秋發搔痒、冬發寒戰，此四時發動，變易無常，諸所為病，乃至萬端。（同上，又引皇甫謐〈救解法〉）

以上是說藥物在身體的反應，但服散要治病有效，必須發熱，同時禁忌很多：

「凡諸石有十忌，第一忌瞋怒、第二忌愁憂、第三忌哭泣、第四忌忍大小便、第五忌忍飢、第六忌忍渴、第七忌忍熱、第八忌忍寒、第九忌忍過用力、第十忌安坐不動。若犯前件忌，藥勢不行，偏有聚結，常自安穩調和四體，亦不得苦讀念慮，但能如是，終不發動，一切即愈。」⑰（同上，又引皇甫謐）

皇甫謐（二一五——二八二）是與阮籍、嵇康同時代的著名醫學家。所說自有權威性，則六朝士人的許多生理現象，就能解釋通了。

阮籍母喪，本是傷心事，但因服藥而不能愁憂、哭泣，也不能飢餓忍酒（渴），所以何曾說：「阮籍以重喪，顯於公坐飲酒食肉，宜流之海外，以正風教。」而司馬昭說：「有疾而飲酒食肉，固喪禮也。」而阮籍仍「啜嗽不輟，神色自若」。有疾就是有病而服藥石。當然司馬昭不整阮籍是前提，否則阮籍怎敢公然喝酒吃肉。類似的例子阮籍還很多。此外散髮寬衣，赤身裸形的種種現象，都是借著怕熱來裝瘋癲的。

嵇康〈與山巨源絕交書〉說：

> 性復疏嬾，筋駑肉緩，頭面常一月十五日不洗，不大悶癢，不能沐也。每常小便而忍不起，令胞中略轉（膀胱發脹，尿要激出）乃起耳。

又說：

> 危坐一時，痹不得搖，性復多蝨，把搔無已。

服食藥石的禁忌：除不能忍尿，不能安坐不動外，同時要「用冷水洗浴」，「冷水洗面及手足身體亦可渾身洗」[178]。現在嵇康對此三事全都違反，目的是向對方、及當權者說他性情疏嬾，連自己養生都疏略，何況其他的事怎麼會積極？這樣懶散當然不是經常性的，然而也足以看出他在生活上的潛在消極性，與他追求理想的意志之間有不窄的矛盾。

【作品】

〈管蔡論〉

曹髦在太學懷疑周公姬旦殺兄管叔姬鮮及弟蔡叔姬度，本身負有責任未盡的過失，但太學博士庾峻不敢作答，嵇康乃對這個歷史事件加評論，立場是支持曹髦的。本篇也是他後來在〈與山巨源絕交書〉中所說的「又每非湯、武，而薄周、孔」的作品，對司馬昭所謂「以孝治天下」（《世說新語・任誕篇》何曾的話）加以揭露其虛僞的面目。

設詞一問一答。

或問曰：

案記，管蔡流言，叛戾東都，周公征討，誅以凶逆。……明父聖兄，曾不鑒凶愚於幼稚，覺無良之子弟，而乃使理亂殷之弊民，顯榮爵於藩國；使惡積罪成，終遇禍害。於理不通，心無所安，願聞其說。

嵇康的答是：

時人全謂管蔡為頑凶，……管蔡皆服教殉義，忠誠自然，是以文王列而顯之，……周公踐政……而管蔡服教，不達聖權，卒遇大變，不能自通，忠疑乃心，思在王室。

是說管蔡本來是忠誠的，文王才會任命他，後因遇「大變」誤會而起的，所以接著說：

> 且周公居攝，邵公不悅，推此言，則管蔡懷疑，未為不賢，而忠賢可不達權；三聖未為用惡，而周公不得不誅。若此，三聖所用信良，周公之誅得宜，管蔡之心見理。爾乃大義得通，外內兼敍，無相伐負者，則時論亦得釋然而大解也。

顯然，都說管蔡是頑凶的「時人」是指司馬家的觀點，「時論」是指曹髦在太學的爭論，而引起學術界對此事的討論，則嵇康此論只是當時社會討論管蔡的一篇而已。

按《左傳》昭公元年：「周公殺管叔而放蔡叔，夫豈不愛，王室故也。」又《史記・管蔡世家》：「文王長子曰伯邑考，次子曰武王發，次曰管叔鮮，次曰周公旦，次曰蔡叔度。……武王崩，成王少，周公旦專王室，管叔、蔡叔疑周公爲之不利於成王，乃挾武庚以作亂。」又〈魯世家〉：「周公恐天下聞武王崩而畔（叛）。周公乃踐阼，伐成王攝行政當國……而使其子伯禽就封於魯。……」又《尚書・金縢篇》正義：「鄭玄以爲武王崩，周公爲冢宰，三年服喪，將欲攝政，管蔡流言，即避居東都（周公逃到雒邑），成王多殺公之屬黨（成王殺周公的黨徒），及遭風雷之異（天降雷電大雨，懲罰周人），啓金縢之書，迎公來反，反乃居攝。後方始東征管蔡云云，與史記殊。」又〈書序〉：「召公爲保，周公爲師，相成王爲左右；召公不說（悅），周公作君奭。」

從以上史料可見周公殺兄放弟，破綻很多，周公居管叔之弟憑什麼攝政，而成王何以也反對他。召公何以也不悅他，在傳統文獻不斷替他掩飾的背面，必然有許多懷疑的聲音[179]。

《高士傳》

嵇康離蘇門山到洛陽，可能在本年編《高士傳》。

是嵇康以他自己的政治觀點，選遠古到東漢一百一十九個高士成一篇。其中有子虛烏有的神仙人物，有市井傳說的人民，可見不是作歷史資料，可能是一種對太學生，或道士的教材，亦未可知。

嵇喜的〈嵇康傳〉特別強調本書：

> 知自厚者，所以喪其所生，其求益者，必失其性。超然獨達，遂放世事，縱意於塵埃之表。撰錄上古以來聖賢隱逸，遁心遺名者，集為傳贊，自混沌至於管寧，凡百一十有九人，蓋求之于宇宙之內，而發之乎千載之外者矣。故世人莫得而名焉。（《三國志・王粲傳》注引）

《晉書》卷四十九〈嵇康傳〉：

> 康善談理，又能屬文，其高情遠趣，率然玄遠。撰上古以來高士，為之傳贊，欲友其人於千載也。

南朝宋人周續之注（見《宋書》本傳），《隋書・經籍志》著錄三卷，周續之注。唐劉知幾看過《高士傳》，《史通・雜說》下：「嵇康撰《高士傳》，取《莊子》、《楚辭・漁父》事，合成一篇。」到宋、元間亡佚，佚文散見類書，明、清以來學者陸續輯佚，現以戴明揚〈聖賢高士傳贊〉（原爲《浙江大學文學院集刊》第二集）收錄最全[180]，附於《嵇康集校注》附錄中。茲就戴氏所錄的高士，把他們歸納爲八類：

一、神仙高士：

廣成子、襄城小童、涓子。

二、讓王高士：

巢父、許由、壤父、子州友父、善卷、石戶之農、伯成子高、卞隨、務光。

三、隱者高士：

商容、老子、關令尹喜、亥唐、項橐、狂接輿、榮啓期、長沮、桀溺、荷篠丈人、太公任、漢陰丈人、被裘公、顏闔、段干木、莊周、於陵子、漁父、田生、河上公、安丘丈人。

四、輕財重義：

康市子、小臣稷、原憲、范蠡、屠羊說、閭丘先生、顏歜。

五、信勇義士：

延陵季子、魯連、周豐。

六、才技高妙：

市南宜僚、司馬季生。

七、近世輕爵高士：

田生、司馬相如、韓福、班嗣、求仲、羊仲、逢萌、徐房、李曇、王逢、揚雄、井丹、鄭均、高鳳、臺佟、孔嵩。

八、拒絕王莽徵召之高士：

蔣詡、尙長、王眞、李邵公、薛方、絳父（龔勝）、楚老、孔休。

九、儒家的董仲舒、揚雄，僅見於《史通・品藻》，他本未錄此兩人。

以上分類是依其所敍說的高士內容來決定，因此許多不合歷史事實。這樣很容易歸納出嵇康心中的理想是什麼了。這裏不再說明，唯一值得注意的是反王莽的人物居然有八個，王莽與司馬父子一樣是從內部篡奪的，則嵇康日之所思，夜之所夢，不難明瞭其對象是什麼了。

六言十首（「惟上古堯舜」……）

這十首詩是歌詠遠古高尙無爲的社會，及高潔的賢士，與〈高士傳〉可能同時之作，其中堯、舜、東方朔、楚令尹子文、老萊妻，說不定原也是〈高士傳〉中的人物。

十首並非都是道家的題材，而是用淸高無爲的行爲規範來貫穿全文的。一、二首是說堯、舜原始社會的簡樸無事。三、四、五、六反映老子的政治及人生觀，七首稱東方朔至淸，八首稱子文善仕，九首美老萊妻的高節，十首美原憲的安貧。其中東方朔值得研究，一般以爲是漢辭賦家，文學弄臣，其實就《漢書》本傳及漢賦作品分析，他是文武兼修的飽學之士，高九尺三寸，文采風流，能言善辯，剛毅英勇，劉徹在上林苑飲酒作樂，引接佞臣董偃，東方朔直言力諫，後又上書建議農戰強國之計，不被用，乃作〈答客難〉稱：「自以爲智能海內無雙。積數十年官不過侍郎，位不過執戟。」並以爲「用之則爲虎，不用則爲鼠」181，難怪嵇康大爲欣賞。

十首六言詩每首四句都是說理、敍事詩，尤其特別的是六言體，本來《詩》、《騷》都有散句的六言，但六言詩發展不起來是有原因的，四言變五言，多一字適足用於動詞、副詞，因漢字文言動詞、副詞多用一字，而名詞又多爲二字，則六言無所用，如五言太短，不如用七言，這是六言詩的致命傷。趙翼《陔餘叢考》引任昉說：「六言始於谷永。」谷永詩未存，《古文苑》引孔融六言詩，僞作不可信。《三國志》注曹丕〈答羣臣勸進書詩〉有六言六句182，則嵇康六言詩是存世最早的完整作品。後來唐代皮日休等偶也有六言之作。舉〈老萊妻賢名〉一首爲例：

不顧夫子相荊，相將避祿隱耕，樂道閑居採萍，終厲高節不傾。

甘露二年（二五七年）三十四歲

【時事】

四月司馬昭把征東大將軍諸葛誕架空爲司空，諸葛誕拒絕，乃在淮南起兵，殺揚州刺史，屯糧固守壽春，而沒有主動進兵。七月司馬昭動員二十多萬部隊圍城183。

《世說新語・文學篇》注引〈向秀別傳〉：

秀與嵇康、呂安爲友，趣舍不同，嵇康傲世不羈，安放逸邁俗，而秀雅好讀書。二子頗以此嗤之。後秀將注莊子，先以告康、安，康、安咸曰：「書詎復須注，徒棄人作樂事耳。」及成，以示二子，康曰：「爾故復勝不？」安乃驚曰：「莊周不死矣。」[184]

嵇喜逐漸走向司馬家，爲呂安所不滿。

《世說新語・簡傲篇》注及《太平御覽》四百九十八並引干寶《晉紀》：

安嘗從康，或遇其行，康兄喜拭席而待之，弗顧，獨坐車中。康母就設酒食，求康兒共語戲，良久則去，其輕貴如此。

此事大概發生在本年初或去年。

【生活】

嵇康在本年上半年或稍早仍留在洛陽，代郡人趙至十四歲到洛陽太學看書，遇到嵇康在那兒抄寫石經古文。

《世說新語・言語篇注》引嵇紹〈趙至傳〉：

趙至年十四，入太學觀，時先君在學，寫石經古文，事訖去，遂隨車問先君姓名，先君曰：「年少何以問我？」至曰：「觀君風器非常。故問耳。」先君具告之。至年十五，佯病，數數狂走五里三里，為家追得。又灸身體十數處，年十六，遂亡命，逕至洛陽求索先君，不得，至鄴，先君到鄴，至具道太學中事，便逐先君歸山陽。經年，先君嘗謂之曰：

「卿頭小而銳，瞳子黑白分明，視瞻停諦，有白起風。」[185]

大概嵇康有兩年左右留在洛陽，參與許多活動，除了學術論戰之外，也做了一些古經學的研究。魏在正始六年（二四五年）在太學刻三體石經，其中有《春秋》、《尚書》、《左傳》三種石經。嵇康不是經學家，甚至反對六經，但留下有《春秋左氏傳音》（見以下「作品」）一卷，他來抄石經或與此事有關，看他作文引經不少，如〈卜疑〉、〈明膽〉就引用不少左傳的章句，足見還是熟讀經書的。

《太平御覽》六百十四引（《晉書》？）：

西晉趙至，字景眞，年十四，隨人入太學觀書，時嵇康於學寫石經古文異事，訖，遂逐車問康，異而語之，爲諸生。

則是指「古文異事」，大概是主要在收集如《高士傳》等書的資料。當然也包括本書。

嵇康長於書法。到後世仍然留有他的眞跡。唐書家張懷瓘《書議》：

嵇叔夜身長七尺六寸，美音聲，偉容色，雖土木形骸，而龍章鳳姿，天質自然，加以孝友温恭，吾慕其爲人。嘗有其草寫絕交書一紙，非常寶惜，有人與吾兩紙王右軍書，不易。近於李造處見全書，了然知公平生志氣，若與面焉。

張懷瓘《書斷》又說：

叔夜善書，妙於草製，觀其體勢，得之自然，意不在乎筆墨。若高逸之士，雖在布衣，有傲然之色。故知臨不測之水，使人神清；登萬仞之巖，自然意遠。

韋續《墨藪》：

嵇康書，如抱琴半醉，酣歌高眠。又若衆鳥時翔，羣烏乍散。

戴明揚《嵇康集注》：

案鮮于樞《困學齋雜錄》曰：「郭北山御史藏嵇叔夜聽雨帖。」談遷《棗林雜俎》曰：「錢塘楊廷筠以御史督學南畿，有兄弟爭嵇叔夜手蹟，弟請田三十頃易之，致訟，御史命立寶書堂公貯之。」據此，知叔夜手蹟，元及明季，尚有存者，但不知果為眞蹟否也。

此外，他還能畫。侯康《補三國志藝文志》有嵇康〈獅子擊象圖〉、〈巢父許由圖〉。

嵇康在洛陽，面對現實的社會，不得不拋棄蘇門山的神仙世界，他活動頻仍，與太學生、知識份子諸多來往，如阮侃（德如）、阮种（德猷）、郭遐周、郭遐叔、公孫崇（顯宗）、袁準（孝尼）、張邈（遼叔）、趙至（景眞）還有不知名的，都在此時前後而交往的。他的學問、人品，尤其不與司馬家合作，使他取得了知識界最具影響力的地位，也是陳寅恪所說：「嵇公於魏晉爲反司馬氏諸名士之首領。」[186]當時他受壓力很大，受官方的批評很多，即〈述志詩〉所說：「殊類難偏周，鄙議紛流離」。五月，諸葛誕在東南起兵，司馬昭爲著羈絆嵇康，乃下令徵召他，時間約在司馬昭七月出征之前。

《三國志》卷二十一〈王粲傳〉引《魏氏春秋》：

> **大將軍（司馬昭）嘗欲辟康，康既有絕世之言，又從子不善，避之河東，或云避世。**

有三方面使他不得不躲避，一是做官，非拒絕不可，二是局勢緊張，司馬昭又要出征，他不能不離開洛陽這尚有擁曹力量的地方，三是有一個侄兒因行爲出問題（可能是政治的不善）連累他，使他決定躲避到一個政治不敏感的地方，就是西方的河東（山西夏縣）去，河東與他有什麼關係，已無可查，或許是自我放逐吧！一直到甘露四年（二五九）才經鄰轉回自己的故鄉山陽，這一年也就是二六一年寫給山巨源絕交書所說：「前年從河東還。」

《魏氏春秋》說嵇康有絕世之言，是〈述志詩〉。另外，這個侄兒，也可能是撫養過他的長兄之子，還有嵇喜的兒子嵇蕃，今年十四歲，不太可能是他。

【作品】

《春秋左氏傳音》

本書於本年初或去年在洛陽太學所作。《隋書・經籍志》著錄：

《春秋左氏傳音》三卷，魏中散大夫嵇康撰。

《唐書》不著錄，知亡佚於唐代。清馬國翰《玉函山房輯佚書》就《經典釋文》及《史記索隱》共輯六節。如：

文公十有四年，有星孛入於北斗，孛音渤海字。公羊傳曰：「孛者何？彗星也。」似歲反，一音雖遂反。

知嵇康以直音，與反語並用。反語（反切）是魏晉才發展起來的，嵇康算是中國字音學的先驅之一。

〈難宅無吉凶攝生論〉

這是用以反駁〈宅無吉凶攝生論〉的。這篇〈宅〉文，與以下第三篇的〈釋難宅無吉凶攝生論〉兩篇，嚴可均《全晉文》屬爲張邈所作，但缺乏根據。《戴明揚校注》以爲：「《隋志類注》云：『梁有《攝生論》二卷，晉河內太守阮侃撰。』當卽此及〈釋難宅無吉凶攝生論〉二篇，蓋阮氏與叔夜至交，故往復論難，亦如向秀與叔夜養生耳。……張邈但有〈自然好學論〉，叔夜難之，至此二篇，則固阮侃之文，非張邈所論，而侃集之者。」此說有文獻上的支持，《攝生論》上雖無「宅無吉凶」、「釋難宅無吉凶」等文字，但可能是簡稱，古書時有此例，現姑且以此二篇爲阮侃（阮德如）所作。

〈宅〉文主張人爲的因素是決定禍福的所在，「善執生者，見性命之所宜，知禍福之所來，故求之實而防之信。」要求長壽就要「專氣志柔，少私寡欲」。身體有病，就要知道，就要用藥，即所謂「忌祟生於不知，……多食不消，舍黃丸而筮祝讁祟，或從乞胡求福者，凡人皆所笑之，何者，以智能達其無禍也」。說到這裡都極正確，嵇康是難以反駁的。但下面〈宅〉文，以房屋無吉凶，所以愚民不能居公侯宅，也就是好房子不可能有機會讓愚民住，愚民就不可能吉，而且「命有制也，……彭祖七百，殤子之夭，是皆性命也」這種天命觀的論證，就與上面產生破綻，好讓嵇康的〈難〉文來找矛盾了。

嵇康〈難〉文的態度，是秉承漢初陰陽方士的宅有吉凶的神秘思想，使得人聯想他確有落伍的神仙方士行爲，很值得注意的是兩方都反對「乞胡」，所謂「乞胡」是來自西域的苦行僧，他們當時只能在民間宣揚剛發芽的佛教，而仍爲上層社會所排斥，尤其與道教徒產生對立，所以兩方都同意當多食不消化，可以吃黃丸（〈難〉文說只能「安須臾」）。黃丸，是黃芽（硫磺）或黃白（汞化物）的東西，是道教的藥石。

〈難〉文針對〈宅〉文不中效的論證，很容易的就其虛，加以攻擊：

既曰：「彭祖七百，殤子之夭，皆性命自然。」而復曰：「不知防疾，致壽去火，求實於虛，故性命不遂。」此為壽夭之來，生於用身，性命之遂，得於善求。然則夭短者（殤子），何得不謂之愚？壽延者（彭祖），何得不謂之智？苟壽夭成於愚智，則自然之命，不可求之論；奚所措之？凡此數者，亦雅論之矛楯矣。

用排中律把「難方」擋過去。由此我們看嵇康論文，多爲論辯方式，並能保留（不一定爲眞）雙方的文章，實爲中古思維方法的重要史料，他爭論破壞性大於建設性，與傳統儒家文章大不相同，同時也可料到他是一個生性剛毅，詞鋒凌厲的大辯論家了。

第三篇〈釋難宅無吉凶攝論〉是反〈難〉文的，以儒家「君子修身以俟命」來說明「壽夭不可求之宅，而得之和」，有人爲的主動性。

〈答釋難宅無吉凶攝生論〉

本篇仍然執其兩端，而排其中，並不能爲自己建立比較完整的系統。只是文詞犀利，一瀉千里：

> 藥之已病，其驗又見，故君子信之。宅之吉凶，其報賒遙；故君子疑之。今若以交賒爲虛，則恐所以求物之地鮮矣。吾見溝澮不疑江海之大，覩丘陵則知有泰山之高也。若守藥則棄宅，見交則非賒；是海人所以終身無山木，山客曰無大魚也。

劉師培說：「嵇文長於辨難，文如剝繭，無不盡之意，亦阮氏所不及也。」[187]就是指這種文章。

以上嵇康的兩篇〈答難宅無吉凶攝生論〉或在本年稍早於洛陽所作。阮侃的第一篇〈宅無吉凶攝生論〉大概作於去年，因此嵇康第二篇的〈難宅無吉凶攝生論〉也可能作於去年。

阮侃，字德如，有俊才，風儀雅潤，後來做到河內大守⑱。在二五九年嵇康有詩與他贈他，他也回答二首。

〈述志詩〉

有以爲本詩是嵇康被殺前入獄之時所作，因爲詩中有「轗軻丁悔吝，雅志不得施……恨自用身拙，任意多永思，遠實與世殊，義譽非所希，往事既已謬，來者猶可追」⑱。其實這裏只是很含蓄說自己坎坷不如意，目的是向司馬昭表白自己要追求新的開始，要脫離政治、社會，去過一個與世俗隔絕的仙道生活，也就是要司馬昭放心，所以《魏氏春秋》說有「絕世之言」。而且文句平和與獄中作的眞誠期待的〈家誡〉，和激憤絕望的〈幽憤詩〉截然不同。可能〈述志詩〉是嵇康在時局緊張，拒絕應召，躲到河東，避免嫌疑的表白詩，敍述自己嚮往山野自然的志向，所以叫〈述志詩〉。

其中有一半以上的文句，都在寫將要離開朋友，而翱翔於一個美妙清靜的世界：

> 逝將離羣侶，杖策追洪崖，焦（鷦）鵬振六翮，羅者安所羇？（用司馬相如〈難蜀父老〉典，比喻鳥飛高空，用羅網抓鳥抓不到。）浮遊太清中，更求新相知，比翼翔雲漢，飲露飡瓊枝。多念世間人，夙駕咸驅馳，沖靜得自然，榮華安足為！斥鷃檀蒿林，仰笑神鳳飛，坎井蝤蛙宅，神龜安所歸。……願與知己過，舒憤啓其微，巖穴多隱逸，輕舉求吾師，晨登箕山巔，日夕不知饑，玄居養營魄，千載長自綏。

儼然是一首幽閉的遊仙詩，充滿著幻想、憧憬，和無限的未來，怎樣會是獄中之詩？當呂安入獄，他似已知項莊舞劍，志在沛公，一旦鋃鐺入獄，栽在司馬昭、鍾會手中，實不作再生之想。

詩中多用《莊子》典，以神鳳自居，不屑見識短小的斥鷃、井蛙，尤其對貪圖榮華，徒具軀殼的神龜，喪失了精神的自由，和獨立的生命，被供奉在廟堂之上（《莊子・秋水》），怎麼會是我嵇康所願意的呢？以鵷鶵（鸞鳳）志不在腐鼠，來隱喻他沒有政治、名位的野心。

〈答二郭詩〉三首[190]

二郭是郭遐周、郭遐叔二個兄弟，事跡不詳，可能是在洛陽太學生，與嵇康交往，介於師友之間的關係。

當嵇康要到河東之時，兩人有詩贈別，哥哥有〈郭遐周贈〉三首，弟弟有〈郭遐叔贈〉五首，都附在《嵇康集》中，因此嵇康作詩三首答他們兄弟。

郭遐周詩：

巖穴隱傳說（殷高宗賢臣傅說），寒谷納白駒，方各以類聚，物亦以羣殊，所在有智賢，何憂此不如，所貴身名存，功烈在簡書，日月忽其除，昂哉乎嵇生，敬德在慎軀。（第二首）

要嵇康保重身體，隱後東山再起，用事業來寫歷史。

郭遐叔詩：

……思與君子，窮年卒歲，優哉逍遙，幸無隕越，如何君子，超將遠邁，我情顧關，我言願結，心之憂矣，良以怭怛。（第四首）

……三仁不齊迹，貴在等賢蹤，衆鳥羣相追，鸞鳥獨無雙，何必相呴濡，江海自可容，願各保遐心，有緣復來東。（第五首）

嵇康如此受到愛戴思慕，要追隨他「窮年卒歲」，並希望他又回到東邊的洛陽（河東，指黃河以東，山西夏縣一帶，即太行山支脈中條山的西南麓，洛陽在其東方）。這樣殷殷的期盼，顯示嵇康在知識份子心中有無比的份量。

嵇康詩五言三首，首先說自己處境的危險：「寡志自生災，屢使衆釁成，豫子匿梁側，聶政變其形，顧此懷怛惕，慮在苟自寧，今當寄他域，嚴駕不得停。」（第一首）很清楚的說自己被釘梢被懷疑的恐懼感，他們把自己當作潛在洛陽城中的豫讓、聶政，只好身「寄他域」了。又說：「坎壈趣世教，常恐嬰網羅。」（第二首）「權智相傾奪，名位不可居，鸞鳳避罻羅，遠託崑崙墟。」從毋丘儉事件，到諸葛誕事件的發生，他在洛陽成了一個大問題人物，很自制的局限在一個意識型態內，保持與司馬家同步伸縮的安全距離，自不敢嬰其逆鱗。

其次說別無他途，只有隱居世外，逍遙太和：「至人存諸己，隱璞樂玄虛，功名何足殉，乃欲列簡書，……」（三首）這三首詩很強烈的反映他的心中感受。陳祚明《采菽堂古詩選》說：「傾奪可憎，功名不足殉，深識典午，語取快意，不能含蓄，固已罔慮其禍。」確實有這樣的傾向。

甘露三年（二五八年）三十五歲

【時事】

司馬昭大軍繼續圍壽春城，司馬軍發石車火箭攻諸葛誕守軍，死傷慘烈，二月城破，共圍城七個月，諸葛誕被殺，又是夷三族。他的親兵數百人拒絕投降，願逐次一個個被砍頭，干寶《晉紀》說：「時人比之田橫。」[191]四月司馬昭回到洛陽。

諸葛誕被殺，從此反司馬家的軍事力量徹底被消滅。自二四九年高平陵之變，曹爽被殺後，擁曹力量分散、觀望，把實力分作四次：王淩、夏侯玄、毋丘儉、諸葛誕孤立的給消耗掉。賸下的只有嵇康這些意識上不投降的讀書人，已經毫不足阻擋司馬昭全面奪權。

八月，設三老五更的官位。關內侯鄭小同因「溫恭孝友，帥禮不忒」而爲五更[192]。

【生活】

隱居在河東。在司馬家最後一次的艱苦戰鬥中，他不能像上次毋丘儉事件一樣留在洛陽是非之地。

甘露四年（二五九年）三十六歲

【時事】

經學家鄭小同被司馬昭所殺。有一天鄭小同拜見司馬昭，司馬昭上厠所去，有一份極機密的報告沒有收藏起來放在辦公室，出了厠所就問：「你看到我的報告嗎？」「沒有。」司馬昭馬上就

（如曹操）說：「寧我負卿，無卿負我。」一把鄭玄的這個「溫恭孝友」的孫子給殺了[193]。

太學生趙至，十六歲，到洛陽，找不到嵇康，發現洛陽太學發生某些問題，然後再轉到鄴，才遇到剛從河東回來的嵇康[194]。

【生活】

司馬昭對已投向自己的士人，具有極度的不信任感，嵇康的這種冥頑不靈的分歧份子，在司馬昭心中永遠是消失不掉的一塊影子。山濤當時還任驃騎將軍王昶從事中郎，司馬昭可能安排讓他幹銓選人才的重要差事——尚書吏部郎，他想到嵇康。如果能推薦他來幹，就可以免去司馬家對他逐步要採取行動的危險，這個很重要的職位，給嵇康，才足以表示嵇康身分的重要，他把這個構想轉給公孫崇（嵇康同鄉，同爲譙國人，以後任尚書郎）、呂安，要二個與嵇康私交最好而又未作官的朋友，來告訴嵇康，這樣，一方面能解老友的生命之危，一方面保持自己的淸譽，一方面能把嵇康拉進來，他之於司馬昭的關係，是大有幫助的，實在他是一個現實主義的人。

隨著時局稍微緩和，嵇康從河東到了魏的舊都鄴，遇到趙至；趙至馬上告訴嵇康洛陽太學的形勢，即所謂「具道太學中事」，可見他與太學生有很深刻的關係，隨時密切的關懷聯繫。趙至是出自一個父親耕田的寒素之家，在那個講門第的社會，他一生的奮鬥，堅忍不拔，他對嵇康有無比的崇拜、熱愛。曹魏從曹操起，能引用比較淸寒的人才，但司馬家這個大士族崛起之後，用人仍以大士族爲主，所以當時非大族出身的人都傾向反馬擁曹，趙至只是一例。他們從鄴，一起回到嵇康的家——山陽，趙至一直追隨嵇康，到嵇康死後才離開，眞是一位情深義重的小夥子[195]。

嵇康回山陽，可能是奔母之喪，也可能是母親病重時趕回，在今年或明年去世。

〈與山巨源絕交書〉：

吾新失母兄之歡，意常悽切。

與山濤書爲二六一年，則其母死於二五九或二六〇年。〈與阮德如詩〉：

含哀還舊廬，感切傷心。

也正是指此事。

在這同時嵇康從公孫崇、呂安那裏知道山濤要推薦他代山濤出任尚書郎的消息。〈與山巨源絕交書〉：

前年（即本年二五九）從河東還，顯宗（公孫崇）、阿都（呂安）說足下議以吾自代；事雖不行，知足下故不知之。

絕交書是兩年以後才寫的，這兩年人事很微妙在發展著，所謂「事雖不行，知足下故不知之」是說事後發展，沒有效果，因爲我不答應，但足以知道你本來對我的心情是不了解的。

【作品】

〈與阮德如詩〉一首

回到家，給在洛陽相識的阮侃五言詩一首，表達懷思之情及淡泊之志：

澤雉窮野草，靈龜樂泥蟠，榮名穢人身，高位多災患，未若捐外累，肆志養浩然。

這也許也是拒絕山濤推薦他做官的表白。此後的作品轉爲哀傷悲涼。

阮侃也答兩首，強調「與子猶蘭石，堅芳互相成」的交誼，但以「庶保吾子言，養貞以全生，東野多所患，暫往不久停，幸子無損思，逍遙以自寧」（一首），及「神龜實可樂，明戒在刳腸……願子盪憂慮，無以情自傷」（二首）來慰勉，似乎此時嵇康的心情更加沈重，處境更加艱險。

陳留王曹奐景元元年（二六〇年）三十七歲

【時事】

所有反司馬家的力量被撲滅後，洛陽宮中孤零零的只剩一個二十歲的虛有皇帝之名的曹髦，甘露五年五月，血氣方剛的他召集內臣，對侍中王沈、尚書王經、散騎常侍王業說：「司馬昭之心，路人所知也。吾不能坐受廢辱，今日當與卿等自出討之。」當中只有王經不是司馬昭派來臥底的，他很客觀分析：「今權在其內，爲日久矣……宿衛空闕，兵甲寡弱，陛下何所資用。」加以勸阻。王沈、王業馬上打報告去了。可憐的曹髦就只有數百個衛兵奴僕好帶，自殺性的衝出去。

中護軍賈充帶兵包圍。太子舍人成濟問：「怎麼辦？」賈充說：「畜養你們這些傢伙！就等今天！」這宮廷內皇帝管的官成濟就一刀把皇帝的胸膛刺穿透背，來不及說「願後身世世勿復生帝王家」（南朝宋順帝被殺時所說）就倒下來。司馬昭不會傻到丟下禪讓政治的「曹丕模式」不學，而背著「弑君」的黑鍋，去拿一張皇帝的空牌照。於是原以爲可以當開國元勳的成濟，就全擔下了全部罪惡，被判夷三族，以免將來司馬稱帝後有人效尤。此勇於爲人鷹犬者戒！但賈充的「英勇」，從此飛黃騰達，平步青雲。最後司馬昭以太后之名出了一張「此兒既行悖逆不道，而又自陷大禍」的公告，來了結此案[196]。

六月改立曹操孫子，燕王曹宇的兒子陳留王曹奐，改甘露五年爲景元元年。

【生活】

嵇康住山陽，趙至陪他在一起。

《世說新語・言語篇》注引嵇紹〈趙至傳〉：

……便逐先君（嵇康）歸山陽，經年。至長七尺三寸，潔白，黑髮、赤脣、明目，鬚不多，閑詳安諦，體若不勝衣。先君嘗謂之曰：「卿頭小而銳，瞳子白黑分明，視瞻停諦，有白起風。」

這是住山陽一年後的事，可見嵇康擅長看相。

《世說新語・言語》：

嵇中散語趙景眞：「卿瞳子白黑分明，有白起之風，恨量小狹。」趙曰：「尺表能審璣衡之度，寸管能測往復之氣，何必在大？但問識如何耳！」

魏晉士人流行評論人物，由外表而推其內涵，進而定其善、惡、尊、卑、吉、凶。如司馬懿狼顧相（頭可後轉一八〇度），則是猜忌多權變。鍾會小時蔣濟看其相爲「非常人」，王戎能鑒賞王敦將來會逆亂，嵇康子嵇紹看戴晞必不成器等等。但趙至的觀點值得注意，他以爲內之量不必大，要問的是識，則是嵇康的明不生膽，是才性中的離派，嵇康在此所說只看眼珠，而推測的，並沒談到識不識。

【作品】

〈思親詩〉

嵇康母親逝世。今年或去年作〈思親詩〉：

奈何愁兮愁無聊，恒惻惻兮心若抽，愁奈何兮悲思多，情鬱結兮不可化。奄失恃兮孤煢煢，內自悼兮啼失聲，思報德兮邈已絕，感鞠育兮情剝裂，嗟母兄兮永潛藏，想形容兮內摧傷。感陽春兮思慈親，欲一見兮路無因。望南山兮發哀歎，感机杖兮涕汍瀾。念疇昔兮母兄在，心逸豫兮壽四海。忽已逝兮壽四海。忽已逝兮不可追，心窮約兮但有悲，上空堂兮廓無依，覩遺物兮心崩摧，中夜悲兮當誰告，獨抆淚兮抱哀戚，日遠邁兮思予心，戀所生兮淚不禁，慈母沒兮誰予驕，顧自憐兮心忉忉，訴蒼天兮天不聞，淚如雨兮歎青雲，欲棄憂兮尋復來，痛殷殷兮不可裁。

鬱積在心內，翻滾的苦悶、悲憤之情潮，隨母親的去世，滔滔奔洩而出，年幼失怙，全賴母兄撫養，長兄先已三、四年前死去[100]，如今時局險惡，氣壓低沈，而慈愛的母親卻拋我而去，禁不住「淚如雨兮」。他是性情中人，酷愛正義，疾恨邪惡，有喜怒、有哀樂，生性鯁直，不假辭色，然而王戎說他二十年未嘗見嵇康喜慍之色，這難道是人的本性？人之異於禽獸者，在於人不能自由表達自己的情感、喊出自己的聲音，人要扮演兩重的人格，是異於禽獸幾希之所在。從此嵇康的理想與現實產生更大的矛盾，亢進、沮喪，導致情緒化的發展。

本詩用七言騷體，七言最早在西漢行之於民間，東漢張衡首用散文式騷體寫七言的〈四愁詩〉，到曹丕的〈燕歌行〉，才擺脫「兮」字，成為完整的七言古詩，但三國、西晉時代，鮮有作品，七子、七賢除嵇康外都沒有七言，西晉傅玄仿作張衡〈四愁詩〉，認為是一種「體小而俗」的體裁，可見當時士大夫尚不接受這種民間的俗體，一直到南朝鮑照、湯惠休以後才逐漸勃蓬起來。因此嵇康這首至情的〈思親詩〉在文學史應該是值得重視的。他用悠揚的騷體，頻頻的換韻，來表現他嚎啕、抽噎的情緒與節奏，在效果上是很突出的。

至此，嵇康奔逸的才華，已經用盡當時所有各種詩歌的形式。現在把他一生的詩歌，包括下面二六三年的〈幽憤詩〉，以表說明：

	雜（四、五言）	七言	六言	五言	四言
〈贈兄秀才詩〉（包括贈友）				1	18
〈幽憤詩〉					1
〈述志詩〉				2	
〈遊仙詩〉				1	
六言			10		
〈秋胡行〉（樂府詩）	7				
〈思親詩〉		1			
〈答二郭詩〉				3	
〈與阮德如詩〉				1	
〈酒會詩〉				1	6
〈雜詩〉（訪友）					1
〈雜詩〉（戴明揚以兩〈雜詩〉爲一首）				3	4
合計	7	1	10	12	30

景元二年（二六一年）三十八歲

【時事】

八月，司空鄭沖（或為司徒——《三國志》高貴鄉公甘露元年）「代表」衆官上書司馬昭，請接受晉公爵位[198]。勸進表文請阮籍撰寫。

《世說新語・文學篇》：

魏朝封晉文王（司馬昭）為公，備禮九錫，文王固讓不受，公卿將校，當詣敦喻。司空（徒）馳遣信就阮籍求文；籍時在袁孝尼（準）家，宿醉扶起，書札為之，無所點定，乃寫付使。時人以為神筆。

這篇勸進文，即〈為鄭沖勸晉王牋〉，收在《昭明文選》（卷四十）中，後來唐修《晉書》也收入〈文帝紀〉中。

牋文說：

……自先相國以來，世有明德，翼輔魏室，以綏天下，朝無秕政，人無謗言。……東誅叛逆（揚州三次的反抗：王淩、毋丘儉、諸葛誕），全軍獨克。……元功盛勳，光光如彼，國土嘉祚，巍巍如此。……明公盛勳，超於桓、文……何必勤勤小讓也哉。

不知是否錯誤的第一步，當做了歷任大將軍的從事中郎，阮籍在司馬家的官僚機構中，是缺乏個性，身不由己的，上層結構愈是走向一元化，吮癰舐痔之徒愈是冒得愈多，阮籍只有愈孤立愈痛苦，鄭沖找阮籍下筆，絕不是偶然的，一方面把阮籍又推向前一走，一方面給司馬昭的感受就不一樣。景元四年十月司馬昭爲晉公，十一月卽以司徒鄭沖爲太保。（阮籍大概這時去世。）而阮籍當然也有代價。《通鑑》景元三年稱：「昭愛籍才，常擁護之。」胡三省注：

昭之讓九錫也，籍爲公卿爲〈勸進牋〉，辭甚清壯，故昭愛其才。

盛如梓《庶齋老學叢談》：

嵇、阮齊名，皆博學有文，然二人立身行己，有相似者，有不同者。康著〈養生論〉，頗言性情，及觀〈絕交書〉，如出二人。處魏、晉之際，不能晦迹韜光，而傲慢忤物，又不能危行言遜，而非薄聖人，竟致殺身，哀哉。籍放蕩不檢，則甚於康，不罹於禍者，在勸進表也。[199]

這種說法也不是沒有道理的，而後世學者甚至以爲阮籍早就投附司馬昭[200]，亦不無道理。問題不是投附，而是生命的問題。英國歷史學家柏雷（John Bagnell Bury）說：

個人有發表意見的自由，可以不顧權威，不順他人成見，在今日雖成公認的原則。但我想眞能根據理性為這個自由作戰，寧死而不肯降的，實在也衹是少數。[201]

這也就給予權力者有更大的權力了。

呂安發生家庭糾紛。

嵇康在二六二年〈與呂長悌（巽）絕交書〉說：

阿都（呂安）去年，向吾有言，誠忿足下，意欲發舉。

知道呂巽強暴弟婦，呂安本要發舉告狀是在本年。

事件的發生，一開始就與政治有關。

《三國志·魏志·杜恕傳》注引《世語》：

呂昭長子巽，字長悌，為相國掾，有寵於司馬文王。次子安，字仲悌，與嵇康善，與康俱被誅。

呂巽為相國掾，是司馬昭的紅人。弟弟呂安却是死硬派嵇康的最好朋友，裏面的具體的政治內幕已不可知。

接著家庭的變局是：

嵇康譙人，呂安東平人，與阮籍、山濤及兄巽友善。康有潛遯之志，不能被褐懷寶，矜才而上人。安，巽庶弟俊才，妻美，巽使婦人醉而幸之，醜惡發露，巽病之，反告安謗己。巽於鍾會有寵，太祖遂徙安邊郡，在路遺書與康「昔李叟入秦，及關而歎」云云。太祖惡之，追收下獄，康理之，俱死。（《文選》李善注本〈思舊賦〉注，及唐寫集注本趙景真〈與嵇茂齊書〉注，並引干寶《晉紀》）

初，康與東平呂安親善，安嫡兄遜，淫安妻徐氏，安欲告遜遣妻，以咨於康，康喻而抑之。遜內不自安，陰告安撾母，表求徙邊，安當徙，訴自理，辭引康。（《世說新語・雅量篇》注引《晉陽秋》）

衣冠禽獸的呂巽，用酒灌醉了呂安的妻子再予施暴，恐怕不只是為弟婦漂亮而已，也許還有政治、心理上因素，呂安要告發之前曾向嵇康說過，嵇康與呂巽的絕交書又說：

意欲發舉，吾深抑之，亦自恃每謂足下不足迫之，故從吾言，間令足下，因其順親，蓋惜足下門戶，欲令彼此無恙也。又足下許吾，終不繫都，以子父交為誓，吾乃慨然，感足下重言慰解，都遂釋然，不復興意。

這樣，嵇康對雙方加以調解，好像只要呂安要告，呂巽就要脅迫呂安什麼的。總之充滿了政治的壓力，嵇康在息事寧人，還有其他的顧慮下，安排了和解，叫呂安讓步。因為嵇康與呂巽的相識還不算短，認識呂安，還是呂巽的關係，由嵇康對這對同父異母兄弟雙方加以保證，不知是呂巽已安排好的步驟，還是惱羞成怒，而反密告呂安不孝打過母親，又告呂安誹謗他。在「以孝治天下」的司馬昭，憑這樣一面之詞，就把呂安放逐到沙漠邊疆去。這怎麼能令人相信不是一件政治迫害事件呢？

【生活】

高貴鄉公曹髦被殺，在統治階級發動舉國一致擁護司馬昭的政治運動中。

山濤安排嵇康代自己出任尚書吏部郎的事，由於嵇康的拒絕和種種不知的原因，前後折騰了二年，到現在已到公開攤牌的階段，這是讓嵇康表示政治立場的最後機會，嵇康毅然決然寫信給山濤，名爲與山濤絕交，實則公然表示與司馬昭劃分明顯的界線。

《太平御覽》三百五十八引《文士傳》：

> 山巨源為吏部郎，欲舉嵇康自代，康聞，與之書曰：「譬猶禽鹿，少見馴育，則服教從志，長而見羈，雖飾以金鑣，饗以嘉肴，愈思長林而志在豐草。」

大概同時司馬昭遂正式任命山濤爲尚書吏部郎。《三國志》卷二十一〈王粲傳〉裴松之注引〈山濤別傳〉：

> 濤始以景元二年除吏部郎。

司馬昭走向帝王的金光大道上，這個不識好歹的讀書人却擋在道中。文選〈與山巨源絕交書〉

引《魏氏春秋》：

> 山濤為選曹郎，舉康自代，康答書拒絕，因自說：「不堪流俗，而非薄湯武。」大將軍聞而惡焉。

呂安的事件同時一步一步的把他拖下去了。

【作品】

〈與山巨源絕交書〉

首先說：

> 間聞足下遷，惕然不喜，恐足下羞庖人之獨割，引尸祝以自助，手薦鸞刀，漫之羶腥，故具為足下陳其可否。

是說寫信的動機。

> 有所不堪，眞不可強，……老子、莊周，吾之師也，親居賤職，柳下惠、東方朔，達人也，安乎卑位。……許由之巖棲，子房之佐漢，接輿之行歌，其揆一也。……故君子百行，殊塗而同致，循性而動，各附所安。……

是說鍾鼎山林，各有志氣，而「志氣所託，不可奪也」。

> 少加孤露，母兄見驕，……性復疏嬾……又讀莊、老，重增其放，故使榮進之心日頹，……逾思長林而志在豐草也。

是說自己個性疏懶，喜愛山林，不適合做官。

> 阮嗣宗口不論人過，吾每師之，而未能及。至性過人，與物無傷，唯飲酒過差耳。至為禮法之士所繩，疾之如讎，幸賴大將軍保持之耳。以不如嗣宗之賢，而有慢弛之闕，又不識人情，闇於機宜，無萬石之慎，而有好盡之累，久與事接，疵釁日興，雖欲無患，其可得乎？

取阮籍與自己相比，阮籍幸賴司馬昭庇護，是指二五六年阮籍喪母吃肉被何曾所斥事。這樣很微妙的比較兩人的個性，而又提到「大將軍」，也許隱喻著一些絃外之音！當時他與阮籍的關係如何？無從考察。

接著談七件做官後不能忍受的事：

> 臥喜晚起，而當關呼之不置，一不堪也。抱琴行吟，弋釣草野，而吏卒守之，不得妄動，

> 二不堪也。危坐一時，痺不得搖，性復多蝨，把搔無已，而當裹以章服，揖拜上官，三不堪也。素不便書，……四不堪也。不喜弔喪……五不堪也。不喜俗人……六不堪也。心不耐煩，……七不堪也。

最嚴重的有兩件不能使他做官：

> 又每非湯、武而薄周、孔，在人間不止此事，會顯世教所不容，此甚不可一也。剛腸疾惡，輕肆直言，遇事便發，此甚不可二也。

這九件事所說的都是實情，最後的「二不可」確實是他的致命傷。在老莊自由思想所彌漫的社會空氣，對司馬昭欲奪權的陰謀是不利的，他必須培養一個有「仁義道德」的環境。還沒有篡位前，自己是伊尹、周公。司馬昭自稱「欲遵伊、周之權，以安社稷之難」（曹髦被殺後所說，見《三國志》）。篡位之後，就是舜、禹。司馬炎用曹丕模式上台，告上帝說：「昔者唐堯，熙隆大道，禪位虞舜，舜又以禪禹，邁德垂訓。」（《晉書・武帝紀》）曹髦死後，「太后詔」曰：「五刑之罪，莫大於不孝。」

這與何曾所說「明公（司馬昭）方以孝治天下」（《世說新語・任誕篇》）同出一轍。如此可以看出未來呂安的下場，嵇康在此只說「非湯武而薄周孔」，並也認爲是世教所不容的，司馬昭不會因這封信中這句話就殺他，而是對他長期以來的「非湯武而薄周孔」的一貫言行，如〈太師箴〉、〈管蔡論〉等等的反司馬、反禮教家的論調。說穿了，司馬昭並不在維護眞正的仁義道德。

黃錦鋐先生說：「他們看到在位的人，表面上是彬彬有禮，談論的是仁義道德，而所行的又是陰謀篡奪，殺戮異己。反對這種的禮教，能說不應該嗎？」202因此嵇康就常從政治理論上向司馬家來挑戰。

此外，他生性剛烈，直言不諱，所以做不到「不論人過」。這就使他成為肩挑十字架的英雄。

後半談到他學習「養生之術」，志在「游心於寂寞，以無爲爲貴」，而且子女尚小，須待照顧，平生只要「濁酒一杯，彈琴一曲，志願畢矣」。全文語氣懇切，自然平和，劉勰說：「嵇康絕交，實志高而文偉矣。」（《文心雕龍・書記》）確爲魏晉六朝至情的散文。何焯說：「意謂不肯仕耳，然全是憤激，並非恬淡，宜爲司馬昭所忌也。龍性難馴，與阮公作用自別。」（《文選評》）其實正好是恬淡，並非憤激，對山濤無一語責備。可料到嵇康寫這封信他是如何的壓抑自己洶湧的心潮，然而不可避免的仍然被司馬昭視爲一封反對派的「哀的美敦書」。

景元三年（二六二年）三十九歲

【時事】

司隸校尉鍾會兼鎮西將軍203。

【生活】

呂安被呂巽誣告，以「不孝」之名被捕，放逐到邊疆。火燄從遠方開始向嵇康燃燒過來。可怕的日子，就要來到。

不久，呂安從遠方寄來了一篇文意悲涼的別書給他：

安曰：昔李叟入秦，及關而歎……惟別之後，離羣獨遊……經廻路，涉沙漠……斯亦行路之艱難，然非吾心之所懼也。……時不我與，垂翼遠逝，鋒距摩加，翅翮摧屈，自非知命，能不憤悒者哉！吾子植根芳苑，擢秀清流，……良儔交其左，聲名馳其右，……去矣嵇生，永離隔矣，煢煢飄寄，臨沙漠矣。……[204]

這一封信，又落到司馬昭手中。

嵇康大概住在山陽，一切交遊活動都停止了。

【作品】

〈與呂長悌絶交書〉

呂安被放逐後，嵇康被呂巽出賣，他對雙方的調解，向呂安的保證，使呂安拋棄了自衛權，不得不寫信向呂巽抗議，表示絕交。

文字簡潔，語調冷靜。先陳交結的經過，再說到主題：

何意足下苞藏禍心，都之含忍足下，實由吾言，今都獲罪，吾為負之，吾之負都，由足下之負吾也。悵然失圖，復何言哉！若此，無心復與足下交矣。古之君子，絶交不出醜言，從此別矣，臨別恨恨，嵇康白。

嵇康風度器量，由此可見。或許呂巽有寵於司馬昭，文章不得不格外謹慎。

景元四年（二六三年）四十歲

嵇康死。

呂安被陷害，嵇康乃挺身到洛陽作證。加以呂安又給他一封稱他「良儔聲名，交馳左右」的信，使司馬昭極端厭惡，他在正要掃平障礙，統一天下的大目標下，已經沒有耐心和時間繼續容忍這個潛在內部反抗力量的領導者。且又在鍾會慫恿下，乃下令收押嵇康，再把呂安送回洛陽關在一起。

《世說新語・雅量篇》注引《文士傳》：

> 呂安罹事，康詣獄以明之。鍾會庭論康曰：「今皇道開明，四海風靡，邊鄙無詭隨之民，街巷無異口之議，而康上不臣天子，下不事王侯，輕時傲世，不為物用，無益於今，有敗於俗。昔太公誅華士，孔子誅少正卯，以其負才亂羣惑衆也。今不誅康，無以清潔王道。」於是錄康，閉獄。

《文選》江文通〈恨賦〉注引臧榮緒《晉書》：

> 嵇康拜中散大夫，東平呂安家事繫獄，亹閱之。始安嘗以語康辭，相證引，遂復收康。

《文選》六臣本〈思舊賦〉李善注引臧榮緒《晉書》：

安妻甚美，兄巽報之。巽內慚，誣安不孝，啓太祖，徙安遠郡，卽路與康書。太祖見而惡之，收安付廷尉，與康俱死。

洛陽城民爲之譁然。三千太學生上書請願，要求司馬昭釋放，請嵇康爲太學博士官，做爲他們的老師，有許多豪俊、賢士陪他入獄同時受刑，但被驅散，趕了出來。從東漢桓帝太學生的清議活動以來，知識份子從來沒有那麼大規模的集合，尤其從二四九年高平陵之變後，刀光劍影，知識份子崩潰之血肉，不異乎腐鼠，他們竟敢在京都重地，不顧身家危險，發動集會抗議，這樣的行動，不能只用他們對嵇康的景仰與崇拜所能說明的，具體的說，嵇康是他們的精神的領導者。

《世說新語・雅量篇》注引王隱《晉書》：

康之下獄，太學生數千人請之。于時豪俊皆隨康入獄，悉解喻，一時散遣；康竟與安同誅。

藝海樓鈔本《大唐類要》六十七引王隱《晉書》：

晉文王收嵇康，學生三千人上書，請嵇康爲博士。

司馬昭抓嵇康是鍾會執行的，沒有任何敢公開說的罪名，所以張雲璈《選學膠言》：

古今不平之事，無如嵇、呂一案。

嵇康臨刑，是中國古今作家、思想家中被描繪爲最美麗、浪漫的死亡境界。

《世說新語・簡傲篇》注、《三國志・王粲傳》注並引《魏氏春秋》：

康臨刑自若，援琴而鼓，既而歎曰：「雅音於是絕矣。」時人莫不哀之。初，康採藥於汲郡共北山中，見隱者孫登，康欲與之言，登默然不對。踰時將去，康曰：「先生竟無言乎？」登乃曰：「子才多識寡，難乎免於今之世。」及遭呂安事，為詩自責曰：「欲寡其過，謗議沸騰，性不傷物，頻致怨憎。昔慚柳下，今愧孫登，內負宿心，外赧良朋。」康所著諸文論六七萬言，皆為世所玩詠。

《世說新語・雅量篇》：

嵇中散臨刑東市，神色不變，索琴彈之，奏廣陵散曲，終曰：「袁孝尼嘗請學此散，吾靳固不與，廣陵散於今絕矣！」太學生三千人上書，請以為師，不許。文王亦尋悔焉。

《世說新語・雅量篇》注引《文士傳》：

咸與共別，康顏色不變，問其兄曰：「向以琴來不邪？」兄曰：「已來。」康取調之，為太平引，曲成，歎曰：「太平引於今絕也。」

《文選・思舊賦》注引曹嘉《晉紀》：

康刑於東市，顧日影援琴而彈。

《文選》江文通（淹）〈恨賦〉：

中散下獄，神氣激揚，濁醪夕引，素琴晨張。秋日蕭索，浮雲無光，鬱青霞之奇意，入修夜之不暘。

七月的初秋[205]，曙色染在洛陽城上的東簷，陽光闌珊的透過樹梢照射在幾片金黃的落葉上。那是個市集[206]，昨天尚是滿天的喧鬧；此刻也是遍地人潮，在武裝士兵的阻擋下，圍成一圈重重的人屏，他們屏息凝眸，等待惜別，等待祝福。嵇康、呂安到了廣場，環視那無數充滿淚水的愛，頓時湧出一生從未有的快意與滿足。嵇康坐著輕撫七絃的木琴，面朝東南日頭，斑爛的光點，成為跳躍在絃上的音符。注入了人們滾動的細胞，廣陵散彈完，只說一聲：「袁孝尼（準）要向我學，我不教，廣陵散絕矣。」血淌在琴木，滴下泥沙中。隨陣陣的風雨，飛流在中國的空氣中、大地上。

〈思舊賦〉注，《魏志‧王粲傳》注引〈嵇康別傳〉：

臨終曰：「袁孝尼嘗從吾學廣陵散，吾每靳固之不與，廣陵散于今絕矣！就死命也。」

希臘音樂家奧菲厄斯（Orpheus）與喜歡聽他彈琴唱歌的少女尤力特西（Eurydice）結婚，妻子去世，他作悲歌來懷念她，一生為救回愛妻而上窮碧落下黃泉，當他在河邊彈琴思妻之時，一群婦女向他求愛，他拒絕了，却被撕成碎片，把他的頭和七絃豎琴扔下河中。隨水漂流的頭、琴，仍然發出了悲愴的樂聲。而後遂成了天上的天琴星座[207]。

嵇康的浪漫主義的藝術精神從希臘神話中得到了肯定[208]。

嵇康之死，博得了近二千年來無數詩人、學者的歌頌、同情、憤慨、惋惜。他的死，幫忙了每個歷史階段的社會重獲希望。他不是願意追求死，但在生死線上，他無從選擇的，因為他已跨出生的這一邊。就因為這樣，實不必多餘的探討他致死之因，但站在歷史的立場，姑且分析如下：

基本原因：

一、有追求自由正義的意志及不受羈絆束縛的個性。

二、思想言論與司馬家的名教對立。

三、參與及領導太學生反主流的政治、思想運動。如響應毌丘儉事件。

四、長期永不接受徵召的不合作主義。

五、父親與曹魏的關係及自己是曹魏宗親。

近程原因：

一、得罪和藐視鍾會。

二、拒絕應尚書郎之召，寫絕交書公開表示與司馬絕裂。

三、呂安事件，這是故意設計的。也許是殺他的前奏，而不是原因。

前人對此的批評、論述很多，最爲中肯的是生在金朝的趙秉文（一一五九——一二三二年）。他的〈題王致叔書嵇叔夜養生論後〉：

> 嵇中散龍章鳳姿，高情遠韻，當世第一流也。不幸當魏晉之交，危疑之際，且又魏之族壻，鍾會嗾司馬昭以臥龍比之，此豈昭弒逆之賊，所能容哉？前史稱會造公，公不為禮，謂會：「何所聞而來？何所見而去？」會以是啣之。向無此言，公亦不免。世人喜以成敗論士，遂以公為才多識寡，難乎免於今之世，過矣。自古奸雄窺伺神器者，鮮不維縶英豪，使不得遁。如中郎死於董卓，文舉死於魏武，司空圖僅以疾免，楊子雲幾至辱身，亦時之不幸也。如公重名，安所遁哉！人孰無死，惟得死為不沒。如會勸司馬昭啄喪魏室，既滅劉禪，遂據蜀叛，竟以誅死。若等犬彘耳，死與草木共腐。而公之沒，以今望之，若神人然，為不死矣。尚何訾云，故備論之。至於書之工拙，亦何足言之與有。

【作品】

〈幽憤詩〉

的遭遇和理想：

被捕下獄，在激動的心情下所作的四言詩，他自知已無來生，而以自傳的形式，敍述他一生

爰及冠帶，……託好老莊，賤物貴身，志在守樸，養素全眞。……大人含弘，藏垢懷恥，民之多僻，政不由己，……欲寡其過，謗議沸騰，性不傷物，頻致怨憎，昔慙柳惠，今愧孫登。

可見本來是要明哲保身，苟全性命於亂世，但剛烈的本性，使他不得參與下去，以至有今日。

匪降自天，實由頑疏，理弊患結，卒致囹圄，對答鄙訊，縶此幽阻，……雖曰義直，神辱志沮。

這樣暗示在牢中所受的苦頭，任憑一個有多大理想多大信心的英雄、才士，一旦落在權力者的手中，無不要神辱志沮的，只要能一點遺言遺詩，長留人世，就功德無量了。

任何死囚似乎都還存幻想，嵇康既訴諸天命，也求有一個「永嘯長吟，頤性養壽」的烏托邦世界。

〈家誡〉

這是告誡子女的遺書，當時長女十五歲，兒子嵇紹十歲。

這篇散文是儒家傳統的道德觀作基礎，來教誨子女如何明哲保身的。首先談到要用專一無二的心志，要去外物及內欲，要潔、要信、要節。

待人要敬但不能親密，立身要淸遠要有彈性，要賑濟窮人，見義而作，言語不可不愼，不可爭論；不能重利，不能酗酒。

這是就他自己的個性而歸納出來的一套內方外圓的處世哲學。語言樸實，內容具體，見其文，而如聞其聲。

〈廣陵散〉

「廣陵散」是琴曲名，而且是古曲名。在《晉書・嵇康傳》說：「康嘗遊洛西，暮宿華陽亭，引琴而彈；夜分，忽有客詣之，稱是古人，與嵇共談音律，辭致淸辯，因索琴彈之，而爲〈廣陵散〉，聲調絕倫，遂以授康，仍誓不傳人，亦不言其姓字。」有關嵇康彈琴的神話很多，恐多不足信，康修《晉書》大概也依這種神話而來。〈廣陵散〉爲嵇康所彈，與政治有關，才這麼神秘。《舊唐書・韓滉傳》稱：「王淩都督揚州謀立荊王彪、毌丘儉、文欽、諸葛誕相繼爲揚州都督，咸有匡復魏室之謀，皆爲懿父子所殺。叔夜以揚州故廣陵之地，彼四人者皆魏室文武大臣，咸敗散於廣陵，故名曰其曲曰〈廣陵散〉。」〈廣陵散〉是東漢的舊曲，它是起源於《琴操》所載的〈聶政刺韓王曲〉。工匠聶政之父爲暴虐韓王所殺，他立志復仇。學琴十年，後刺韓王。據宋濂《太古遺音・跋》稱「其聲忿怒躁急」，則是被壓迫者憤怒反抗之聲，與司馬家高壓下的政治環境相同。「散」是曲名，不是敗散。但曲雖舊名，恐怕嵇康重作曲，內容精神如〈韓滉傳〉所說，臨終前彈奏，寄寓有不平凡的意義。

另外嵇康傳作有〈嵇氏四弄〉，〈風入松〉等琴曲209。

【時事】

北方反司馬力量已經撲滅，司馬昭在夏天積極部署征伐蜀、吳的軍事行動。秋八月，全軍十多萬由鍾會率領離開洛陽210，想二十年前在洛陽的一群清談名士，如何晏、傅嘏、夏侯玄、李豐、王廣、王弼……死的死，殺的殺，如今鍾會是何等風光，躊躇志滿了。當向王戎辭別，問征蜀之計，王戎告訴他：「道家有言：『爲而不恃。』非成功難，保之難也。」211王戎已經看出他的野心了。鍾會由斜谷入蜀，蜀將姜維拒之。又鄧艾一支司馬軍自陰平，十一月進入成都，蜀後主劉禪出降。姜維圖救蜀國，見鍾會有二心，乃假勸鍾會擁兵割據，自己願意幫助，鍾會乃殺鄧艾，反司馬昭，次年（陳留王咸熙元年）正月，鍾會與姜維被不服的部下所殺，距嵇康之死，不過半年，眞是強梁者不得其死。一年多，即咸熙二年（二六五）八月司馬昭病死，長子司馬炎等不及多過一年，乃於同年十二月沿用曹丕模式，「接受」陳留王曹奐的「禪位」，成了晉朝的第一任皇帝。

阮籍死於本年冬天。死前作〈豪傑賦〉212。

附注

❶《世語》，係西晉郭頒所著的《魏晉世語》，《隋書》著錄十卷。

❷《資治通鑑》卷七十八〈魏紀〉十，點校本，二四六四及二四六五頁。

❸蕭登福《嵇康研究》：「景元四年會伐蜀時，則已拜鎮西將軍，……則康之見誅當於三年時矣。」

❹陶希聖《中國政治制度史》第三冊，二六〇頁。

❺《三國志・山濤傳》，集解本，八二二頁。

❻《三國志・文欽傳》，集解本，六五六頁。

❼《三國志・王戎傳》，集解本，八二八頁。

❽孫氏只知爲嵇康之母，見《文選・幽憤詩》注引《嵇氏譜》。說見〈嵇康先世及家族考述〉的「嵇康的父兄」（本書一四頁）。

❾譙，在清初尚留不少曹魏時代的遺跡。《古今圖書集成・職方典》八百三十六卷〈鳳陽府彙考〉十「古蹟考」一（台北文星版，十六冊，八〇二頁）：

亳州譙令谷　有州北三十里，魏武至譙令軍士等之有譙令碑，今廢。

魏武帝故宅　舊志在城內，改建玉清萬壽宮，明更爲察院，今爲按察司。

大饗堂　魏文帝南征軍次於譙，大饗六軍及譙父老百姓立碑，曹植文梁鵠，鍾繇書篆曰：「大饗碑」稱三絕。

譙望樓　魏武帝建。

❿見上文〈嵇康先世及家族考述〉的「嵇康的婚姻及其子孫」（本書三〇頁）。

⑪ 山陽，見《年譜》二五一年。

⑫ 《晉書•百官志》：「晉初承魏制，置博士十九人。」

⑬ 《高僧傳》卷一、《歷代三寶紀》卷五、《出三藏記集》卷七。

⑭ 《三國志》卷二〈文帝紀〉：「五月戊申，幸譙。」按此其前曹丕時常回到譙勞問父老。

⑮ 見《晉書》卷四十九〈阮籍傳〉，及《世說新語•德行篇》注引《魏氏春秋》。王昶在黃初末任兗州刺史，見《三國志•魏志王昶傳》。

⑯ 其事見《三國志》卷二十八〈鍾會傳〉，及《年譜》二六三年。

⑰ 見上文「嵇康的父兄」。

⑱ 《北堂書鈔》五十六、《太平御覽》三百七十九並引，而不知著者。

⑲ 《三國志》卷二十八〈鍾會傳〉後附王弼簡歷：「初，會弱冠與山陽王弼並知名。弼好論儒道，辭才逸辯，註《易》及《老子》，爲尚書郎，年二十餘卒。」三十四字。

⑳ 《三國志》卷三〈明帝紀〉，點校本，九四頁，及卷三十三〈後主傳〉。建興六年，八九六頁。

㉑ 《三國志》，點校本，三二〇頁。夏侯玄的一生參見以下《年譜》。又《中國思想通史》引《三國志•荀彧傳》注引《晉陽秋》中的原文作「夏侯玄亦親，嘗謂嘏、粲等曰」。考之《三國志》各種版本都不作如此，不知何據？

㉒ 傳嘏與荀粲談辯事，又見《世說新語•文學第四》及劉峻注引《(荀)粲別傳》。

㉓ 又荀粲早死，沒有介入與名理派的政爭，所以司馬氏時代所寫的資料，對他比較沒有成見。

㉔ 《三國志》卷四十七，〈吳主傳〉，點校本，一一三四頁。

㉕ 見鄺士元《國史論衡》第一冊，二八四頁，里仁版。又曹叡恨夏侯玄另有他因，《三國志》本傳說：

「嘗進見，與皇后弟毛曾並坐，玄恥之，不悅，形之於色，明帝恨之，左遷爲羽林監。」

㉖《三國志》，點校本，六八六頁。

㉗《三國志》卷四十七〈吳主傳〉，點校本，一一三六頁。

㉘《三國志》卷三〈明帝紀〉，點校本，九七頁。

㉙《三國志》卷三〈明帝紀〉，點校本，九八頁，及卷三十三〈後主傳〉，八九六頁。

㉚顏師古〈漢書敍例〉，張揖〈上廣雅表〉。

㉛《三國志》卷三〈明帝紀〉，點校本，九九頁，及卷十九〈陳思王植傳〉，五七六頁。

㉜《三國志》卷二十〈沛穆王林傳〉，點校本，五八二頁。

㉝《三國志》卷三〈明帝紀〉，點校本，九九頁。

㉞《嵇康集校注》，八二頁。

㉟《後漢書》卷九〈獻帝紀〉，王先謙集解本，一一四頁。《三國志》卷三，點校本，一〇二頁。

㊱《三國志》卷三，點校本，一〇三頁，及卷三十三〈後主傳〉，八九七頁，卷三十五〈諸葛亮傳〉，九二五頁。

㊲以上所有資料，見《三國志》卷三〈明帝紀〉，點校本，一〇四至一〇六頁。九華殿又見《三國志》卷二十五〈高堂隆傳〉，七一〇頁。

㊳《三國志》卷二十五〈高堂隆傳〉，點校本，七一〇頁。此傳所引此段史事後稱「是歲，有星孛于大辰」，與〈明帝紀〉四年冬十月所記相合（一〇七頁），因此置於四年。

㊴《世說新語・巧藝第二》及注引衛恒〈四體書勢〉，揚勇校箋本，五三九頁。又《三國志》卷二十一〈劉劭傳〉引有韋誕，點校本，六二〇至六二一頁。

㊵ 《三國志》卷三〈明帝紀〉，點校本。一〇八頁。

㊶ 《三國志》二十八〈毌丘儉傳〉，點校本，七六一至七六二頁。三國志把包括毌丘儉的五個反司馬家最嚴重的人物置於人物傳的最後一卷，原書所引，不是說毌丘儉有遠見，也是指曹魏及、明帝的荒淫。

㊷ 《三國志》卷三〈明帝紀〉，點校本，一一一及一一三頁。

㊸ 《漢晉學術編年》下卷六，一四五至一四六頁，台北長安出版社。

㊹ 〈嵇康集附錄佚文〉，三二九頁。

㊺ 《三國志》卷二十一〈劉劭傳〉，點校本，六一九頁。

㊻ 《三國志》卷二十一〈劉劭傳〉，點校本，六二〇頁。

㊼ 《三國志》卷三〈明帝紀〉，點校本，一一四、一一五頁。

㊽ 《三國志》卷四〈三少帝紀〉，點校本，一一八頁。又卷九〈曹爽傳〉：「丁謐畫策，使爽白天子，發詔轉宣王（司馬懿）爲太傅外以名號尊之，內欲令尙書卷事，先來由己，得制其輕重也。」

㊾ 《三國志》卷四〈三少帝紀〉，點校本，一一七頁。

㊿ 《三國志》卷九〈曹爽傳〉，盧弼《集解》引趙一清曰：「《世語》：爽少與明帝同筆硯。」

(51) 《三國志》卷九〈夏侯玄傳〉，點校本，二九五至二九八頁。

(52) 《三國志》卷二十八〈王淩傳〉，點校本，七五八頁。

(53) 《三國志》卷二十八〈諸葛誕傳〉，點校本，七六九頁。

(54) 《三國志》卷四〈三少帝紀〉，一一九頁。

(55) 《三國志》卷四〈三少帝紀〉，一二〇頁。

(56) 《文選》，宋淳熙本，藝文版，三七七頁。辟阮籍事，又見《晉書》卷四十九〈阮籍傳〉，吳士鑑斛注本，九〇六頁。

57 《世說新語・德行篇》，揚勇校箋本，一五頁。

58 《晉書》卷四十三，點校本，一二三一頁。本傳還記兩相交事，都同〈晉陽秋〉、〈竹林七賢論〉。

59 何啓民先生《竹林七賢研究》中的「年譜」稱：「《世說》乃小說家言，用資談助，故並里巷所傳而盡收之，不必爲眞，故往往失其考。此條或採自〈竹林七賢論〉，然明帝早於二年十二月乙丑疾不豫，時戎不過五齡。設此說爲眞，則戎以一五齡童而鎭靜如是，與前引苦李之事，並可假言戎幼惠，而實有異乎常稚也。」

60 《太平御覽》卷五七，粹文堂本，一冊，四二六頁。

61 王弼學問早熟與蔡邕的藏書有關蔡書爲王業所得。見拙作《列子讀本・今本列子的來歷》。

62 矩齊〈古尺考〉。

63 東漢流金金縷花銅尺，一尺計〇・二三六尺，較短，郭太等係東漢末人，仍依魏尺換算，以求統一。

64 《三國志》卷四〈三十帝紀〉，點校本，一二〇頁，卷九〈曹爽傳〉，二八三頁；卷九〈夏侯玄傳〉，二九八頁；卷三十三〈後主傳〉，八九八頁。

65 《晉書》卷四十三，點校本，一二二三頁。

66 《三國志》卷二十八〈鍾會傳〉：「正始中，以爲秘書郎，遷尙書中書侍郎。」

67 王弼與何晏鍾會清談在本年左右，補黃門侍郎在二四八年，見該年。

68 《晉書》卷四十三〈王衍傳〉引此文，嚴可均輯《全三國文》以爲何晏作。

69 《隋書・經籍志》著錄：「《樂懸》一卷，何晏等撰議。」今佚。

70 寫本年以後，又看到余英時《中國知識階層史論》，早有相近看法，見該書〈漢晉之際士之新自覺與新思潮》二九三頁的注七九。

71 《太平御覽》十六，嚴可均《全三國文》卷二十一。姚振宗《三國志•藝文志》收在《夏侯玄集》中。

72 見上文「嵇康的父兄」。

73 《晉書》卷三十六〈衞瓘傳〉，點校本，一〇六一頁。

74 《漢魏學術編年》卷六，一六八及一六九頁。

75 《漢魏學術編年》卷六，一六八頁。

76 《三國志》卷二〈三少帝紀〉，點校本，一二一頁，及卷二十八〈毌丘儉傳〉，七六二頁。

77 《三國志》卷二十一〈王粲傳〉引嵇喜〈嵇康傳〉，六〇五頁。

78 見二五一年說「竹林七賢」。

79 《阮籍集》，明黃省會刻《漢魏六朝一百三家集》。這是阮籍在嘉平以前不太反禮教的觀點。參見二四四年。

80 《太平御覽》十六引〈辨樂論〉，參見二四四年。

81 孔子以爲雅樂有化民成俗的正面功能。靡靡之音的俗樂，甚至可亡國，漢儒及《漢書•禮樂志》《白虎通•禮樂篇》的思想皆承此說。音樂家黃友棣對雅樂、俗樂（淫聲，即亡國之音），有精闢見解：「雅樂是指正式的音樂，朝廷的音樂，郊廟的音樂。不是有生命的音樂……而是虛僞的形式音樂。」又綜合亡國之音是意思是：「一、悅耳的、熱情的、具有刺激力量的音樂。二、偏於享樂的音樂。三、聲高的、悲哀的、綺麗的音樂。四、新奇的外來音樂，華麗的創作新聲。五、民間的音樂，以戀愛爲題材的音樂。其實，這裏各項，都是有生命的音樂所不可少的因素。」見〈中國的雅樂〉，收入《中國音樂史論集》(二)一至五五頁，中華出版社。

82 徐復觀先生以爲是仁德，見《中國藝術精神》第一章三一頁。

83 《孟子‧盡心》下二十四章：「口之於味也……」及〈告子〉上七章：「富歲子弟多賴……」

84 Marion Bauer．Etnel Peyser 著《音樂的成長》第一章，李文彬譯，《音樂與音響》三十六期。

85 參見朱光潛《談美》三〈子非魚，安知魚之樂〉，台灣開明書局。

86 《嵇康集校注》，八二至八四頁。

87 嵇康臨刑時向兄索琴彈「廣陵散」，見《世說新語‧雅量篇》注引《文士傳》。又西洋天琴星座（Lyra）是希臘神話中名音樂家奧菲斯（Orpheus）被殺的遺體和他的七絃（豎）琴（其中最亮的一顆即我國織女星），與嵇康都是愛琴者。比喻是筆者的聯想。

88 《晉書》卷一〈宣帝紀〉，點校本，一六頁，及《資治通鑑》卷七十五〈魏紀〉七，點校本，二三七〇頁。

89 《晉書》卷四十九〈阮籍傳〉，點校本，一三六〇頁。

90 《三國志》卷二十八〈鍾會傳〉，點校本，七八六頁。

91 《晉書》卷四十三〈山濤傳〉，點校本，一二二三頁，及《世說新語‧政事篇》，揚勇校箋本，一二九頁。

92 《三國志》卷四〈三少帝紀〉，點校本，一二三頁，及卷二十七〈徐邈傳〉，七四〇頁。

93 參見二四四年。裴秀（二二四─二七一）二十五歲任黃門侍郎爲本年。

94 《三國志》卷九〈曹爽傳〉注引〈魏末傳〉，點校本，二八五至二八六頁；《資治通鑑》卷七十五〈魏紀〉七，點校本，二三七四頁。

95 考證詳見上文「嵇康的婚姻及其子孫」。

96 《三國志》對司馬懿喪天害理的行爲，不敢明言經過。比較眞實資料是裴注引的古籍，唐修《晉書》也較客觀。殺人總數自以萬計，參見《三國志》卷三〈三少帝紀〉及注，點校本，一二三至一二四頁；卷九〈曹爽傳〉及注，二八六至二九三頁；《晉書》卷一〈宣帝紀〉：「誅曹爽之際支黨皆夷及三族，男女無少長，姑姊妹女子之適人者皆殺之。」點校本，一七至二〇頁；呂思勉《秦漢史》，四二五、四二六頁，台北開明版。

97 《三國志》卷四〈三少帝紀〉注引孔衍《漢魏春秋》，點校本，一二三頁。

98 《三國志》卷二十八，點校本，七八六頁。

99 《三國志》卷二十八〈鍾會傳〉注引何劭〈王弼傳〉，點校本，七九六頁，及《世說新語‧文學篇》注引〈王弼別傳〉，楊勇校箋本，一五一頁。

100 劉汝霖《漢晉學術編年》卷六本年考證：「疑雙鳩卽指曹爽兄弟也。……古有爽鳩氏，故賦中以「鳩」字影「爽」之名。……曹爽聞桓範之言，躊躇終夜，終不能聽，……故賦中言：『陵桓山以徘徊，臨舊鄉而思入。』」

101 《晉書》卷四十九〈阮籍傳〉：「……爽誅……宣帝爲太傅，命籍爲從事中郎。」點校本，一三六〇頁。按司馬懿任太傅從二三九到二五一年死止。

102 見上文「嵇康婚姻及其子孫」（本書三四頁）。

103 見上文「嵇康的父兄」（本書二二頁）。

104 《世說新語‧簡傲篇》。說見上文「嵇康的父兄」（本書一八頁）。

105 《三國志》卷二十八〈王淩傳〉及注引《漢晉春秋》、《魏略》等，點校本，七五八至七五九頁；卷二十〈楚王彪傳〉，五八六頁。

106 《三國志》卷二十八〈王淩傳〉及注，七五八至七六〇頁；《晉書》卷一〈宣帝紀〉，點校本，一九頁。

107 《三國志》卷四〈三少帝紀〉，點校本，一二四頁，及《晉書》卷一〈宣帝紀〉，點校本，二〇頁。

108 一九八八年八月中國園林學會公佈修武縣雲台山高一千三百多公尺，有中國落差最大高三百一十多公尺的瀑布，山上有「竹林七賢」隱居處，見中國時報八月七日大陸版。

109 楊勇《世說新語・任誕篇》注引陳文原刊《星島》文史副刊。又陳著〈陶淵明之思想與清談之關係〉一文文字略同，見《金明館叢稿》，一八一頁。

110 《三國志》卷四〈齊王芳紀〉，盧弼集解本，一六九頁。按古鄴城，一九八四年中國科學科學院考古所開始挖掘迄今。

111 《後漢書》卷九〈獻帝紀〉，集解本，一一四頁。

112 重門，見《讀史方輿紀要》卷四十九，二二一八頁。公里數據譚其驤《中國歷史地圖集》第三冊第三十五頁之比例尺計算。並見「嵇康時代地圖」。

113 《丹鉛雜錄》卷四十七引，《續逸民傳》、《廣陽雜記》並引。戴明揚《嵇康集校注》：「案晉張顯有〈逸民傳〉，孫盛亦〈逸人傳〉。此條所引，不知何人作，及所讀何人。」（附錄、事迹）

114 〈山濤論〉，《中央研究所史語所集刊》四十一本，第一分，八七頁。

115 除一九六〇年出土西善橋墓畫外，另有一九六八年江蘇丹陽縣的胡橋墓及建山墓二處七賢壁畫，三處八人次序不同，唯嵇康列為首位則不變。見〈試談竹林七賢及榮啓期磚印壁畫問題〉。《文物》，一九八〇年二期。

116 見《列子・天瑞篇》、《說苑・無言篇》、《高士傳》。

117 陳寅恪〈陶淵明之思想與清談之關係〉，《金明館叢稿初編》，一八三頁。

118 又見《世說新語・賢媛篇》。

119 唐張彥遠《歷代名畫記》卷五引。

120 《晉書》卷二〈景帝紀〉，點校本，二六頁。

121 《三國志》卷四十七，點校本，一一四九頁。

122 黃錦鋐〈阮籍和他的達莊論〉，《師大學報》，二十二期。

123 以上〈太師箴〉本文，見戴明揚《嵇康集校注》，三〇九至三一四頁。

124 《三國志》卷四〈三少帝紀〉，點校本，一二五頁。

125 《三國志》卷二十一〈傅嘏傳〉，點校本，六二七頁。原文：「嘏常論才性同異，鍾會集而論之。」因文在「後恪果圖新城，不克而歸」及「嘉平末」之間，所以仍放在本年。

126 《三國志》本傳，點校本，七九五頁。

127 見《三國志》卷四〈三少帝紀〉嘉平五年。

128 以上見《三國志》卷二十八〈鍾會傳〉，七八五頁。裴注：「鍾會，名公之子，聲譽夙著，……景王為相，何容不悉？」

129 向秀於嵇康被殺後，形勢的轉變，應召到洛陽做官，先後任散騎侍郎、黃門侍郎、散騎常侍，只是閒職而已。劉伶，東晉墓壁磚畫寫作劉靈，與臧榮緒《晉書》同，在司馬炎稱帝後任建威參軍。二人俱見《晉書》卷四十九本傳。

130 戴明揚《嵇康集校注》附有輯佚而成的《呂安集》。主要有〈髑髏賦〉及入獄時給嵇康的信。

131 先秦時代中國冶金工業發達，已用鼓風爐，《老子》：「天地之間，其猶橐（皮囊）乎？虛而不屈，動而愈出。」

132 參見李約瑟《中國科學與文明》第九冊下，錢昌祚、石家龍、華文廣譯，商務印書館。

133 王先謙《後漢書集解本》，三五八頁。新文豐本。

134 以七賢論，阮籍素反禮教，但從未勞動，阮咸則「錦綺粲目」、「絃歌酣宴」，王戎則「積實聚錢，不知紀極」，家有好李出賣，怕人得種，先鑽破李核。山濤還算儉約，但一生高官厚祿。又顏之推家訓稱「多見士大夫恥涉農務」。《南史・劉溉傳》稱他祖先曾擔糞自給，當時人罵劉溉「尙有餘臭」。

135 參見萬家保〈試論中國古代鐵的發現和鐵工具的應用〉一文，收入《中國科技史》，台北自然科學文化公司。

136 見上文「嵇康的父兄」。

137 《世說新語・棲逸篇》注引〈竹林七賢論〉。

138 《晉書》卷九十四〈孫登傳〉：「文帝聞之，使阮籍往觀既見，與語，亦不應。嵇康又從之游三年。」

139 牟宗三《才性與玄理》第九章〈嵇康之名理〉，三二七頁。

140 劉汝霖《漢魏學術編年》列入本年。

141 韋政通先生的看法是：「嵇康把現實上『名教』與『自然』的衝突，提昇到工夫的層面予以解決，這是道家面對這種衝突，唯一解決的方法。嵇康在道家的理境上，比阮籍有深度的發展，但對這個問題的解決，與主張『清其質而濁其文』的阮籍，效果並沒有什麼不同。僅僅是主觀的解決，都不是客觀的解決。」見《中國思想史》，六六三頁。

142 夏侯玄事見《三國志》卷四〈少帝紀〉，點校本，一二八頁，卷九〈夏侯玄傳〉，二九九頁；《晉書》卷二〈景帝紀〉，點校本，二七頁。

143 《三國志》卷九本傳，二九九頁。裴注及《世說新語》〈方正篇〉、〈雅量篇〉、〈容止篇〉、〈賞譽篇〉及劉注所引資料對夏侯玄都有很高的評價。

144 《晉書武帝紀》，點校本，八〇頁。《通鑑》卷七十六，點校本，二四一六頁。

145 《晉書・景帝紀》，點校本，二七至二八頁。《三國志》卷四〈三少帝紀〉，一二八頁。河內參見二五一年。《三國志》卷十三〈王肅傳〉，四一八頁，卷二十一〈傅嘏傳〉，六二六頁。

146 《晉書》卷四十九〈阮籍傳〉，九〇六頁；《三國志》卷二十八〈鍾會傳〉。

147 《晉書》卷四十九〈阮籍傳〉，吳士鑑集解引《北堂書鈔》五十八及《藝文類聚》四十八：「〈竹林七賢傳〉曰：『高貴鄉公以為散騎常侍，非其好也。』」

148 《三國志》卷二十八〈鍾會傳〉注引〈鍾會母傳〉：「會……年四歲授《孝經》，七歲誦《論語》，八歲誦《詩》，十歲誦《尚書》，十一誦《易》，十二誦《春秋左氏傳》、《國語》，十三誦《周禮》、《禮記》，十四誦《成侯易記》，十五使母入太學問四方奇文異訓。……雅愛書籍，涉歷衆書，特好《易》、《老子》。」

149 《本草綱目》卷九，台北文光版，三三四頁。

150 《夢溪筆談》胡道靜校證引章鴻釗《石雅》說，世界書局，六一六頁。

151 參見《中國科學技術與發明》，黽勉書局，一三一頁。

152 詳見余嘉錫〈寒食散考〉，《輔仁學誌》，七卷一及二期合刊。

153 見上文「嵇康的父兄」。

154 郭茂倩《樂府詩集》卷三十六，點校本，五二六頁，里仁書局。

155 曹操〈秋胡行〉作「歌以言志」。

156 以上七首見戴明揚《嵇康集校注》，四五至五二頁。

157 《三國志》卷十三〈王肅傳〉，點校本，四一八頁。

158 毋丘儉、文欽事件見《三國志》卷四〈三少帝紀〉，點校本，一三二至一三三頁，及卷二十八〈毋丘儉傳》，七六六頁；《晉書》卷二〈景帝紀〉，三〇至三一頁，及《三國志》王肅、傅嘏、鍾會傳。

159 同上。

160 《世說新語‧任誕篇》引干寶《晉紀》及《魏氏春秋》。

161 《晉書》卷四十九〈阮籍傳〉。

162 馮承基〈嵇康《明膽論》測義〉，《書目季刊》，八卷四期，八四頁。

163 見二五一年「生活」。

164 徐高阮〈山濤論〉給予山濤較高的評價：

嵇康激烈而蒙禍，阮籍至愼以全身。這兩個人都有不凡的才情，絕高的聲譽，眞可成爲精神的領袖，但也正因此似乎注定不容有實際作爲的機會。只有山濤是個深沉堅忍的角色。他在中年走入了司馬氏的政府，但那只是選擇了一條奮鬥的曲折路線。他在後半生幾十年裏一直還是名士間的重望，他在政府中作了反當權份子的一個長期的首腦。也許正是山濤的經歷最能夠顯示七賢在政治上的積極目標和他們背後的政治力量的眞正性質。見《中央研究所史語所集刊》四十一本第一分，八七頁。

另外，陳寅恪〈陶淵明之思想與淸談之關係〉一文稱：「山巨源本亦與叔夜同爲主張自然之說者，但其人之是司馬氏之姻戚，故卒依附典午，佐成篡業，……其人可兼尊顯之達官與淸高之名士於一身，而無所慚忌，既享朝端之高貴，仍存林之下風流，自古名利幷收之實例此其最著者也。」見《陳寅恪先生論文集》，里仁版，一〇一八頁。

165 《三國志》卷十一〈邴原傳〉注引荀綽《冀州記》：「鉅鹿張貔……父邈，字叔遼，遼東太守。著〈自然好學論〉，在《嵇康集》。」點校本，三五四頁。

166 《晉書》卷二〈文帝紀〉，點校本，三三頁。

167 皮錫瑞《經學歷史‧經學中衰時代》，河洛本，一五一頁。

168 《三國志》卷四〈三少帝紀〉，一三五至一三八頁。又呂思勉《秦漢史》：「時帝年僅十六，則係有爲之主，勝於文帝、明帝，亦未可知，而惜乎其不遇時也。」開明版，四三二頁。按曹丕以禪讓之名，奪漢帝政權，曹髦當知司馬家必以堯舜禪讓或湯武革命之名，奪魏政權，故本漢人（如黃生）之說，對禪讓及革命之虛僞，加以懷疑。

169 《三國志》卷四〈三少帝紀〉，一三八頁。

170 劉汝霖《漢晉學術編年》卷七：「晉書何曾傳：『步兵校尉阮籍負才放誕，居喪無禮。曾面質籍於文帝。……正元中，爲鎮北將軍……』可知籍之爲步兵校尉，居母喪必在何曾外出之前。至是年六月，始改正元三年爲甘露元年。則籍之爲步兵校尉，必在此年六月之前。」（二〇頁）

171 《世說新語‧任誕篇》及注引《文士傳》。

172 《世說新語‧棲逸篇》注引《文士傳》。後來他與山濤絕交書稱「學養生之術」即指此事。

173 參見上文「嵇康的父兄」（本書一九頁）。

174 陳寅恪〈魏書司馬叡傳江東民族條釋證及推論〉，《中央研究院史語所集刊》，第一本第一及二分合刊。

175 《三國志》卷八〈張魯傳〉，點校本，二六五頁。

176 《三國志》卷八〈張魯傳〉注引《魏略》，二六六頁。

177 以上三條引自余嘉錫〈寒食散考〉，《輔仁學誌》，七卷一、二合期。

178 同上。

179 見《史記‧淮南傳》，點校本，三〇八〇頁；《史通‧疑古》第十疑；呂思勉《白話本國史》，六三至六六頁。

180 部分佚文見日本《輯佚資料集成》史部第十。

181 《漢書》卷六十五〈東方朔傳〉，點校本，二八四一頁。

182 《文心雕龍‧章句篇》：「六言七句，雜出詩騷。」范注引以上資料，明倫本，五八四頁。

183 《三國志》卷四〈三少帝紀〉，點校本，一三九頁，卷二十八〈諸葛誕傳〉，七六九至七七二頁；《晉書》卷二〈文帝紀〉，三四頁。

184 牟宗三先生以爲向秀注《莊子》在嵇康作〈養生論〉之後，見《才性與玄理》，三二二頁。

185 趙至，《晉書》卷九十二〈文苑傳〉收有〈趙至傳〉。

186 陳寅恪〈書世說新語文學類鍾會選四本論始畢條後〉，《陳寅恪先生論文集》，里仁本，一三〇五頁。

187 劉師培《中古文學史》，收入《中國中古文學史》等七書，鼎文。

188 《世說新語‧賢媛篇》注引《陳留志名》。

189 《中國思想通史‧嵇康著述考辨》。

190 此三首詩，劉汝霖《漢晉學術編年》列入二五八年。他說：「司馬昭上書，請嵇康爲博士，康因避居於外，康與郭遐周、郭遐叔友善，至是避世，二郭賦詩送之，康亦賦詩答之，以明己避世之意，……至汲郡蘇門山中遇孫登，遂從之遊，……二者爲一事，或云汲郡或云河東，蓋叔夜避居於外，本無定所，然以居蘇門山時爲多也。」按嵇康學於孫登是在嘉平時，汲縣蘇門山在河南太行山南麓，河東在西方的山西兩地相差甚遠，嵇康避河東與諸葛誕政局有關，他擺脫是非，到諸葛誕失敗後，風聲穩下來才回來的，此詩宜作於二五七年。又師事孫登三年，與避河東應爲兩事。

191 《三國志》卷二十八〈諸葛誕傳〉，點校本，七七二及七七三頁；《晉書》卷二〈文帝紀〉，三四及三五頁。

192 《三國志》卷四〈三少帝紀〉，點校本，一四二頁。

193 《後漢書‧鄭玄傳》及《三國志‧三少帝傳》注並引《魏氏春秋》。

194 《世說新語‧言語篇》注引嵇紹〈趙至傳〉及《晉書》卷九十二〈趙至傳〉。

195 同注194。

196 《三國志》卷四〈三少帝紀〉甘露五年及注引《漢晉春秋》、《世語》、《魏氏春秋》等。

197 撫養過嵇康的長兄，約死於二五六年以前，說見「嵇康的父兄」。

198 《晉書》卷二〈文帝紀〉景元二年及四年都載鄭沖領頭勸進。《三國志》卷四〈三少帝紀〉景元二年載：「七月，樂浪外夷韓、濊貊各率其屬來朝貢。」〈勸進牋〉也稱：「是以時俗畏懷，東夷獻舞。」所以劉汝霖《漢晉學術編年》以阮籍牋列入景元二年。又《三國志・三少帝紀》景元元年，欲進司馬昭爲相國，封晉公，增封二郡，并以前的共十郡，司馬昭拒絕，鄭沖即此時與之唱雙簧，而醞釀連署勸進，〈勸進牋〉宜在二年首次由鄭沖領頭勸進時所寫，而且四年阮籍就死了。

199 引自戴明揚《嵇康校注》附錄、誄評。

200 葉適《石林詩話》，「張燧千百年眼」。

201 《思想自由史》（History of Freedom of Thought），羅家倫譯，台灣商務本，七頁。

202 〈阮籍和他的《達莊論》〉，《師大學報》，二十二期，七七頁。

203 《三國志》卷二十八〈鍾會傳〉，及《年譜》二二四年。

204 此文《文選》卷四十三作〈趙景眞與嵇茂齊（蕃）書〉，應爲呂安給嵇喜之書。考證見戴明揚《嵇康集校注》附錄《呂安集》四三一頁起。

205 江淹〈恨賦〉：「素琴晨張，秋日蕭索。」可能在初秋七月，或中秋八月初，八月某日鍾會大軍征蜀，必在鍾會出征前殺嵇康。

206 《藝文類聚》三十九引戴延之《西征記》：「洛陽建春門外迎道北有白社。有牛馬市，即嵇公臨刑處。」《水經》「穀水」注：「陽渠水南，即馬市，舊洛陽有三市，即其一也，亦嵇叔夜爲司馬昭所害處。」

207 奧菲厄斯的希臘神話，後被義大利音樂家蒙特維迪（Claudio Monteverdi 1567—1643）及德國音樂家古鹿克（Christoph Willibald Gluck 1714—1787）譜成歌劇，而中國的許多古音樂故事，都尚未有人譜寫爲樂曲。

208 他的藝術理論，並不浪漫，但他的詩、他的人却是浪漫主義的化身。

209 詳見戴明揚《嵇康集校注》附錄〈廣陵散考〉。

210 《晉書》卷二〈文帝紀〉，點校本，三八頁。

211 《晉書》卷四十三〈王戎傳〉，一二三二頁。

212 《晉書》卷四十九〈阮籍傳〉，一三六一頁。

後記

一九六二秋天，大三的時候，讀到《文選》的〈養生論〉。這是第一次讀到嵇康的文章。雖然從文學史上了解了一些嵇康的生平、詩歌，對他感到興趣，事實關於他的生活、思想，我一無所知，當時就憑一股衝勁，和絲微的佛學常識，咬文嚼字，賣弄詞藻，用駢文寫了一篇〈論養生論〉。後來還刊在一九六三元旦的師大《人文學報》。

近二十年過去了，重披舊文，不覺啼笑皆非。個人本就隨不同的年齡、環境而有不同的文路和思想，如果排除了作品的時空的局限性，以致產生對個人的錯誤認識，豈止是支離破碎而已。百年之後，如果我這篇文章沒有繫年，有幸留給我的子孫，他們將會如何就這篇文章來塑造我的形象？因此我覺得活人，對未來而言，只是仍然還可以再寫歷史的古人而已。我們除了應珍惜片刻的機會寫好歷史外，還要把歷史交給後人——尤其是最具有普遍性的一般人。在知識、科技逐漸提升的今天，每個人的語言（錄音帶）、形象（錄影帶、電影帶）、文字都要繫以年月，每個人都寫（錄）自己的年譜（年譜比傳記好寫，比日記簡單）。一個敢眞實敍說自己赤裸裸一生的人，就是偉大的人類；他所留下的自我歷史，就是給子孫最尊貴的遺產。一九八一年三月記。

附〈論養生論〉於後，以表示個人對嵇康認識的不同歷程。

論養生論

漢網解紐，晉紀匱修，蕭牆萌爭，穹閭入室。戎馬倉皇，抑孔孟於式微；蟄山避亂，啓佛老於勃濫。夫老莊靜眞，漢初所尚；佛釋寂度，魏晉式宗。蓋道風遐邇，彌僞世以極養；佛法震旦，塡儒行以心禪。道釋益彰，其不然乎？嵇叔夜秉靜寂之旨，闡養生之道，博摭旁徵，摘發精微。爰就所論，略陳數端。

其言曰：「導養得理，以盡性命，上獲千餘歲，下可數百年，可有之耳。」是謭陋之辭也。叔夜雖駁曰：「神仙可以學得，不死可以力致。」然此千歲云云，乃金光法螺之音。眞知人不永生，壽可長垂，故以千歲百年蔽之。吾生有涯，興衰為循。壽雖龍龜，軀有盡時；人非木石，身無不滅。而修性保神，莫如僧道。達摩向壁九年，百五而圓寂；陳摶入寢經月，二百而歸西。苟有其事，天年之極。至若彭祖羨門之流，王喬赤松之徒，既為神仙，野語也明矣。或曰煉丹燒汞之方，畫符扶乩之術，可致長生，其謬何如？

老聃曰：「致虛極，守靜篤。」虛極以驅心礙，靜篤以逐物罣，故曰常，故曰明。（老子語，竊以爲即佛之無漏也。）是時也，曠然無憂患，寂然無思慮。參天化地，常道持一（莊子曰「乃入於寥天一」，似有餘涅槃也），故能王天道久，没身不殆；斯養生之郅境也。

夫虛之工，靜之力，反掌弗得，孤詣方至。保養適度，吐納合中，使形神相親，表裏俱濟，然後可圖也。是以藥石服飲於外，修心淨神於內，是其方也。

老聃曰：「五色令人目盲，五音令人耳聾，五味令人口爽。」嵇子本之而戒曰：「五穀是見，聲色是耽，目惑玄黃，耳務淫哇。」言外欲之為害也。

老聃曰：「見素抱樸，少私寡欲。」《阿含經》曰：「非眼繫色，非色繫眼，非耳繫聲，非聲繫耳……于其中間，若彼貪，是其繫也。」根塵泯絕，衆欲無歸，樂道之庫。嵇子本之曰：

「知名位之傷德，故忽而不營，非欲而強禁也；識原味之害性，故棄而弗顧，非貪而後抑也。」非欲而禁，非貪而止，娛德之府。皆言內淨之為務也。

嗟乎！服氣之士，棲遲於竹林之中，以彈箏博弈為業，非樗櫟之木矣；談理之賢，宦遊於金馬之門，以清談迂論為娛，是廟堂之龜矣。故招禍鍾會，暴屍東市，徒遺後世之嘆耳。

觀養生旨趣，固無可非，然去佛家禪定遠矣。佛云：「制心一處，無事不辦。」修八正道，以摒貪瞋愚痴之念；苦持正定（八正道之末也），以生無漏清淨之境。而後開般若慧，發菩提心。福智二圓，方為正覺。覺非槁木死灰，智非肉身解脫，乃蘊瑰琦之大智大覺，則養生論瞠乎莫及焉。

新版嵇康研究及年譜跋

本書原名爲《嵇康年譜》，一九八〇年春開始搜集，次年二月除夕下筆，費五十天寫成、出書，時間極爲倉促，行文措詞及編排校對，都不免失之草率。八年多來，可供參考之新文獻日多，本擬大幅度改寫，但已由於應約另寫一本紀傳體的《嵇康》，所以僅就《年譜》本身之所需，廣加訂正補充並附東晉嵇康壁畫圖、地圖、人名著作索引，改請學生書局出版；又由於前面頗多嵇康家族及社會背景的文字，而改名爲《嵇康研究及年譜》。因應聘赴韓講學時日迫近，請師大博士班廖振富同學代爲校對、清大碩士班劉天祥同學代編索引，在此一併致謝。

莊萬壽　一九八九年八月廿五日離韓前夕

重要參考書目

嵇康集校注	戴明揚	河洛
嵇康集校本	魯　迅	中華
嵇康研究	蕭登福	自印
嵇康明膽論測義	馮承基	書目季刊
嵇康研究	黃振民	大陸雜誌
後漢書集解	王先謙	新文豐
三國志集解	盧　弼	
三國志（點校本）		鼎文
晉書斠注	吳士鑑 劉承幹	新文豐
晉書（點校本）		鼎文
二十五史補篇		開明
左傳會箋	竹添光鴻	廣文
通志	鄭　樵	世界
讀史方輿紀要	顧祖禹	樂天

世說新語校箋	楊　勇	明倫
文選李善注及六臣注		藝文
魏晉六朝百三家集	張　溥	新興
文心雕龍注	范文瀾	明倫
樂府詩集（點校本）	郭茂倩	里仁
老子讀本	余培林	三民
莊子讀本	黃錦鋐	三民
列子讀本	莊萬壽	三民
論衡校釋	黃　暉	商務
中國思想史	韋政通	大林
中國政治制度史	陶希聖	啓業
中國知識階層史論	余英時	聯經
國史論衡	鄺士元	里仁
中國藝術精神	徐復觀	學生
中國音樂史論集	黃友棣等	中華出版社
中古文學概論等五書		鼎文
中國中古文學史七書	劉師培等	鼎文
竹林七賢研究	何啓民	學生
才性與玄理	牟宗三	學生

魏晉自然主義　容肇祖　商務
魏晉思想論　劉大杰　中華
秦漢史　呂思勉　開明
兩晉南北朝史　呂思勉　開明
漢晉學術編年　劉汝霖　長安出版社
陳寅恪先生論文集　陳寅恪　里仁
中國科學與文明　李約瑟　商務
本草綱目　李時珍　文光
南方草木狀（叢書集成本）　嵇含　商務
魏晉南北朝史研究論文書目引得　鄺利安　中華

曹操

嵇含

嵇紹

嵇喜

趙至

禰衡

向秀

阮籍

何晏

夏侯玄

曹丕

十四筆以上

(2)作品索引

嵇康

六　筆

七　筆

十　筆

十一筆

十二筆

人名及作品索引

（清華大學研究生劉天祥同學編）

本索引係本書重要人名、作品所出現之頁碼。人名索引因嵇康幾乎出現於每頁，故不列入；作品索引則以嵇康為首，其餘亦以姓名筆劃為次，作品如知著作年代（公元A.D.）則夾注於括弧內。

(1)人名索引

三　筆

四　筆

五　筆

國立中央圖書館出版品預行編目資料

嵇康研究及年譜 / 莊萬壽著 -- 初版 -- 臺北市：臺灣學生，民79

9,238面；21公分 --（史學叢書；16）

參考書目：面231-233　圖三幅

含索引

ISBN 957-15-0160-3（精裝）：新臺幣250元
-- ISBN 957-15-0161-1（平裝）：新臺幣200元

1.（三國）嵇康 - 傳記

782.824　　79000700

嵇康研究及年譜（全一册）

著者：莊萬壽
出版者：臺灣學生書局
發行人：丁文治
發行所：臺灣學生書局
台北市和平東路一段一九八號
郵政劃撥帳號○○○二四六六八號
電話：三六三四一五六
FAX：三六三六三三四
本書局登記證字號：行政院新聞局局版臺業字第一一○○號
印刷所：淵明印刷廠
地址：永和市成功路一段43巷五號
電話：九二八七一四五
香港總經銷：藝文圖書公司
地址：九龍偉業街九十九號連順大廈五字樓及七字樓
電話：七九五九五九五

定價 精裝新臺幣二五○元
平裝新臺幣二○○元

中華民國七十九年十月初版

78240

ISBN 957-15-0160-3 (精裝)
ISBN 957-15-0161-1 (平裝)

史　學　叢　書